★ 广东省教育科学规划课题（党的十九大精神研究专项）丛书之 ★
新时代广东学校文化传承发展研究系列

U0964970

社会主义核心价值体系建设的广东学校实践

李　文◎著

广东高等教育出版社
Guangdong Higher Education Press
·广州·

图书在版编目（CIP）数据

社会主义核心价值体系建设的广东学校实践/李文著．—广州：广东高等教育出版社，2021.2

［广东省教育科学规划课题（党的十九大精神研究专项）丛书之新时代广东学校文化传承发展研究系列］

ISBN 978－7－5361－6815－2

Ⅰ．①社…　Ⅱ．①李…　Ⅲ．①社会主义建设－价值论－研究－广东　Ⅳ．①D616

中国版本图书馆 CIP 数据核字（2020）第 153522 号

出版发行	广东高等教育出版社 地址：广州市天河区林和西横路 邮政编码：510500　电话：（020）87553335 http://www.gdgjs.com.cn
印　　刷	广州市穗彩印务有限公司
开　　本	787 毫米×1 092 毫米　1/16
印　　张	11.5
字　　数	192 千
版　　次	2021 年 2 月第 1 版
印　　次	2021 年 2 月第 1 次印刷
定　　价	42.00 元

总　序

“文明特别是思想文化是一个国家、一个民族的灵魂。无论哪一个国家、哪一个民族，如果不珍惜自己的思想文化，丢掉了思想文化这个灵魂，这个国家、这个民族是立不起来的。”[①] 学校是文化传承的重要场所，以文化人、以文育人是学校的重要职能。党的十八大以来，广东省学校文化建设在不断探索中取得了显著成效。

文化属于难以界定的范畴之一。从社会的视角而言，文化有广义和狭义之分。广义上的文化是文明的同义语，是物质文明和精神文明的总称。狭义的文化相对于经济、政治、社会和生态而言，是社会结构的一部分。从个体视角看，文化则同修养相关，是指一个人的素质样态。

文化和人的关系是一个辩证性很强的问题。人是社会的产物，社会决定了人。同时，人能动地作用于社会，人是社会的主体。文化是社会的组成部分，也是影响人的环境因素。不同性质的文化对人会产生不同的影响。毛泽东在《新民主主义论》中将当时的文化区分为帝国主义文化、半封建文化和新文化，前二者属于反动文化，只有新文化是在观念形态上反映新政治和新经济的东西，

① 中共中央文献研究室. 习近平关于社会主义文化建设论述摘编［M］. 北京：中央文献出版社，2017：5.

是替新政治、新经济服务的。中国特色社会主义进入新时代，文化建设面对中华优秀传统文化、革命文化、社会主义先进文化三种文化类型，将这三者作为中国特色社会主义文化的组成。“中国特色社会主义文化，源自于中华民族五千多年文明历史所孕育的中华优秀传统文化，熔铸于党领导人民在革命、建设、改革中创造的革命文化和社会主义先进文化，植根于中国特色社会主义伟大实践。”[①] 社会意识的相对独立性主要表现为与社会存在的不同步。超前、滞后是不同步的表现，适应社会发展是同步的表现。因而，作为上层建筑层面的文化呈现出多元、多样、多变等特征。同时，面对世界多极化、经济全球化深入发展，科学技术信息化等趋势，各种思想文化交流交融交锋更加频繁。不同性质的文化对人的影响也不一样。先进的、积极向上的文化给人以积极健康的影响，落后腐朽的文化给人以消极颓废的影响。

以文化人、以文育人是文化的教育功能。在这一点上，文化同教育是一致的。

从词源考证来看，育人和化人已经内在于文化内涵之中。《易·贲卦·彖传》中这样界定文化：“刚柔交错，天文也；文明以止，人文也。观乎天文，以察时变；观乎人文，以化成天下。”由此，“人文化成”的缩写就成为文化了。文，最初是指自然界和人类社会的各种现象，如天文、人文、水文等。化，基本含义是变化、转化。将各种文献不断完善并传承下来的目的是化人。因此，文是手段，化是目的。英国文化学家泰勒这样界定文化：“文化，或文明，就其广泛的民族学意义来说，是包括全部的知识、信仰、艺术、道德、法律、风俗以及作为社会成员的人所掌握和接受的任

① 习近平．决胜全面建成小康社会　夺取新时代中国特色社会主义伟大胜利：在中国共产党第十九次全国代表大会上的报告［M］．北京：人民出版社，2017：41.

何其他的才能和习惯的复合体。"[①] 这里，文化除了知识之外，还包括信仰、道德等，这些就是价值观。一定的价值观即是文化的内核。从价值观的角度而言，以文化人和教书育人在目标和功能上是一致的。

立德树人是教育的根本。古人将立德、立功、立言并称为三不朽。树人是培养人才。所谓十年树木，百年树人。重视德性，突出人的道德培养是中华传统文化的一大特点。在人的道德培养过程中，德教和德政是一致的，家庭伦理和国家责任是统一的。这就是众所周知的政治伦理化、伦理政治化以及家国同构。党的十八大以来，习近平总书记明确了教育的根本任务是立德树人，并进一步明确了立什么德和树什么人的具体要求。2018 年 9 月 10 日，习近平总书记在全国教育大会讲话中指出："我国是中国共产党领导的社会主义国家，这就决定了我们的教育必须把培养社会主义建设者和接班人作为根本任务，培养一代又一代拥护中国共产党领导和我国社会主义制度、立志为中国特色社会主义奋斗终生的有用人才。"[②] 培养什么人，是教育的首要问题。由此，树什么样的人的问题得到了明确。

2014 年 5 月 4 日，习近平在北京大学师生座谈会上的讲话指出："核心价值观，其实就是一种德，既是个人的德，也是一种大德，就是国家的德、社会的德。国无德不兴，人无德不立。"[③] 2018 年 9 月 10 日，习近平在全国教育大会讲话中进一步指出："加强品德教育，既有个人品德，也有社会公德、热爱祖国和人民

---

① 泰勒. 原始文化：神话、哲学、宗教、语言、艺术和习俗发展之研究［M］. 连树声，译. 桂林：广西师范大学出版社，2005：1.

② 中共中央党史和文献研究院. 十九大以来重要文献选编：上［M］. 北京：中央文献出版社，2019：647.

③ 中共中央文献研究室. 十八大以来重要文献选编：中［M］. 北京：中央文献出版社，2016：3.

的大德。要坚持教育引导学生培养和践行社会主义核心价值观，做到品德润身、公德善心、大德铸魂。要加强对学生的法治教育，使学生养成遵纪守法的良好习惯。”[①] 2019 年 4 月 30 日，习近平在纪念五四运动 100 周年大会上的讲话中强调：“新时代中国青年要锤炼品德修为。……青年要把正确的道德认知、自觉的道德养成、积极的道德实践紧密结合起来，不断修身立德，打牢道德根基，在人生道路上走得更正、走得更远。”[②]

明大德、守公德、严私德，不仅明确了德的内涵，也明确了道德教育的具体内容。习近平强调：“要把立德树人融入思想道德教育、文化知识教育、社会实践教育各环节，贯穿基础教育、职业教育、高等教育各领域，学科体系、教学体系、教材体系、管理体系要围绕这个目标来设计，教师要围绕这个目标来教，学生要围绕这个目标来学。凡是不利于实现这个目标的做法都要坚决改过来。”[③]“学校具有集中式、系统化、持续性进行中华优秀传统文化教育的独特优势，要把中华优秀传统文化教育作为固本铸魂的基础工程，贯穿人才培养全过程。要深入挖掘和阐发中华优秀传统文化中讲仁爱、重民本、守诚信、崇正义、尚和合、求大同的时代价值，转化为学生价值观教育的丰富营养，积淀学生文化底蕴，提升学生文化素养。要在提炼、转化、融合上下功夫，让收藏在馆所里的文物、陈列在大地上的遗产、书写在古籍里的文字成为教书育人的丰厚资源，让学生在底蕴深厚的课程教材中、在参观名胜古迹的亲身体验中，了解中华文化变迁，触摸中华文化脉络，

---

① 中共中央党史和文献研究院．十九大以来重要文献选编：上［M］．北京：中央文献出版社，2019：650.

② 习近平．在纪念五四运动 100 周年大会上的讲话［M］．北京：人民出版社，2019：11.

③ 中共中央党史和文献研究院．十九大以来重要文献选编：上［M］．北京：中央文献出版社，2019：653－654.

感受中华文化魅力，汲取中华文化精髓，让中华优秀传统文化基因一代代传承下去。”①

“新时代广东学校文化传承发展研究系列”丛书以马克思主义为指导，紧紧围绕中国特色社会主义文化同学校教育的关系，从中华优秀传统文化、革命文化、社会主义先进文化、岭南文化等视角，研究了新时代广东学校文化的传承发展。5本著作既相互关联，成为一体，又各自独立，各具风格。

《广东学校传承与发展中华优秀传统文化研究》（童建军等著）一书以社会主义文化建设为前提，以我国治理体系和治理能力现代化为背景，以广东为研究场域，在坚持理论与实践的统一、历史与逻辑的辩证以及个别与一般的互动中，把握广东学校传承发展中华优秀传统文化实践这一代表性个案的普遍性蕴含。主要通过阐释多元一体的中华优秀传统文化内涵，耙梳广东学校做深做实做细党和国家传承发展中华优秀传统文化的政策安排，凝练广东学校推动中华优秀传统文化创造性转化和创新性发展的教育实践经验和做法，并在实地调研基础上“把脉”广东学校继承和发展中华优秀传统文化的教育成效，展望新时代深入推进学校传承发展中华优秀传统文化的基本趋向与主要规律。本书提出传承发展中华优秀传统文化必须在紧扣“以文化人”教育根本任务的基础上，合理把握守正与创新、形式与内容、阶段与整体、化人与化文的辩证关系，为新时代学校继承和发展中华优秀传统文化提供了应然的完善方向。

《广东学校的革命文化传承与发展研究》（龙柏林等著）一书通过理论阐释与实践总结、普遍规律与个案分析相结合的方法分析广东学校革命文化这一重要主题。在理论阐释上，本书从发生

① 中共中央党史和文献研究院．十九大以来重要文献选编：上［M］．北京：中央文献出版社，2019：650.

学的视角探究革命文化的生成过程、理论来源和实践基础，从而概括出革命文化的深刻内涵，即革命文化是中国共产党在新民主主义革命时期带领人民一起创立的、在当代具有重要价值的文化形态。革命文化传承与学校教育的双向互动以及学校阵地的鲜明特征决定了革命文化在学校的传承具有现实意义，但这一工作受到政策、区位以及文化等多重因素影响。基于此，本书重点考察广东学校的革命文化传承和发展现状以及历史过程，同时聚焦个别学校革命文化传承发展工作，以点面结合的方式形成对当前广东学校革命文化教育现实状况的整体性认知。同时，耙梳了革命文化在不同历史时期、不同地区学校的传承特点与工作经验，为广东学校革命文化传承提供了一定借鉴。最后，通过现状把握与对比分析明确广东革命文化进校园所面临的社会思潮多样化、网络信息娱乐化以及学校教育空心化的现实挑战，并有针对性地提出增强主流意识形态凝聚力、加强网络环境建设以及培育学生主体意识等一系列行之有效的对策路径。

《广东学校的社会主义先进文化传播与建设研究》（李辉等著）一书梳理和界定了社会主义先进文化的内涵及其构成、社会主义先进文化发展进程。在此基础上，分别从马克思主义理论教育、社会主义核心价值观培育和践行、社会主义道德教育、社会主义法治教育、中华民族精神教育、时代精神教育、理想信念教育等几个方面研究了学校教育同社会主义先进文化之间的关系，研究了广东学校在社会主义先进文化传播与教育过程中的基本经验。遵循理论与实践同步发展，理论教育同理论发展也同步进行的逻辑，立足于广东地处改革开放前沿和意识形态斗争前沿的地缘特征，凝练了新时代广东学校社会主义先进文化传播与教育的基本经验，即用习近平新时代中国特色社会主义思想铸魂育人，以大历史观培育“四个自信”，将培养青少年的历史担当作为教育的现实落足点，等等。其中，由中共广东省委宣传部和广东省教育厅组织建设的“马克思主义中国化进程与青年学生使命担当”精品思政课程，成为广东省教育系统持续推进习近平新时代中国特色社会主义思想进教材进课堂进学生头脑、强化党的创新理论武装的重要举措。

《社会主义核心价值体系建设的广东学校实践》（李文著）一书聚焦了广东学校社会主义核心价值体系建设的实践，总结了学校教育领域社会主义核心价值体系建设的广东经验。研究者通过问卷调查、代表性实践案例，总结广东学校经验。广东学校的育人实践呈现出岭南教育领域扎根乡土，饱含家国情怀，同时兼具开拓创新的特质。广东学校育人实践对岭南历史上的优秀精神文化遗产，对岭南思想家、教育家们的思想遗产尤为珍视。如今，价值观教育实践的参与者站在历史的新起点上，在精神内核上继承发扬，直面未来。在学校思政教育工作中，对社会主义核心价值体系内容的传播应该是精准的。广东学校的思政课程在设置、讲授上遵循了这一基本原则。在实践方法上，广东学校积极主动探索构建“大思政”格局下体系建设的新方法。在实践载体上，因地因校制宜，详细规划课程、科研、实践、文化、网络、心理、管理、服务、资助、组织“十大育人”体系的实施内容、载体、路径和方法。作为中国改革开放的前沿阵地，广东地情、民情对国际局势变化更为敏感，受各种国际思潮挑战也更为频繁。由于受形势所迫，广东学校的大格局意识必须走在前列，社会主义核心价值体系建设实践必须在探索中传承、创新，才能担当起国家文化自信、文化软实力振兴的重任。广东学校对社会主义核心价值体系建设虽有成绩，面对“培养什么人、怎样培养人、为谁培养人”叩问的教育实践仍任重道远。

《岭南文化与广东学校德育建设研究》（石德金等著）一书集

中研究岭南文化同广东学校德育之间的关系。岭南文化随着时间推移和时代变迁不断与时俱进，又有其自身的连续性和稳定性，潜移默化地影响着岭南地区人民群众的思维方式和行为方式，为学校德育工作的开展提供了丰富的资源与载体。广东学校充分发掘岭南文化中的德育资源，使之与当代文化相适应、与现代社会相协调，实现岭南文化融入学校德育的理念、内容、方式等的创新，增强学校德育效果，成为新时代广东学校德育工作的重点所在。研究者立足于岭南文化在广东区域的主体部分，即广府文化、潮汕文化和客家文化，通过对岭南文化融入学校德育的可能性、必要性和价值性展开论述，力图在全面梳理岭南文化的基础上推动学校德育在新时代的发展与创新。该书由绪论和正文构成。绪论部分主要涉及优秀岭南文化融入学校德育的时代背景、必要性，以及广东学校德育吸纳优秀岭南文化的现状。正文部分分为五章内容。首先，在前人研究的基础上，通过对岭南文化的形成与演进历程的阐述，将历史与现实对接，实现岭南文化从传统到现代的转换，奠定岭南文化融入学校德育的基础。其次，通过对广府文化内涵的界定，从历史发展和现实生活的角度阐述其内在特点与外在形态，进而发掘广府文化融入德育的价值意蕴、可行性以及实现对策。再次，在对潮汕文化进行界定分析的基础上，考察潮汕文化融入广东学校德育的可能性与可行性，深入发掘蕴藏在语言文学、传统节日、民俗文化和潮汕名人等文化形态中的德育资源，分析潮汕文化融入学校德育的现状，并提出应对之策。进而，论述了客家文化的意蕴与客家人的人文精神，论证了客家文化对学校德育的重要意义，充分挖掘这一优秀地方传统文化中文学艺术、民风习俗、神话传说、榜样模范等形态所蕴含的德育资源，力图为客家文化融入学校德育提供对策与途径。最后，考察了岭南文化融入学校德育的历史经验，指出了当下面临的种种挑战，提出了对未来的展望。

总之，各种文化样态为实现立德树人的根本任务，全面贯彻党的教育方针，培养社会主义建设者和接班人发挥着不可替代的作用。优秀文化既涵养着人，也滋养着教育，同时，学校也是文化传承的重要场所。文化与教育相互作用、相互影响，共同作用于人的发展。

李　辉

2020 年 3 月于广州

目 录

第一章 研究绪论 / 1

第一节 研究缘起 / 1
第二节 研究综述 / 2
第三节 研究方法 / 10

第二章 学校社会主义核心价值体系建设方略 / 11

第一节 社会主义核心价值体系建设中普遍存在的问题 / 11
第二节 学校社会主义核心价值体系建设的总体目标 / 31
第三节 学校社会主义核心价值体系建设的主要内容 / 35
第四节 学校社会主义核心价值体系建设的方法路径 / 51

第三章 广东学校社会主义核心价值体系建设实践经验案例 / 55

广州市东风东路小学 / 55
珠海市香洲区杨匏安纪念学校 / 58
中山市杨仙逸小学体育路学校 / 60
中山市坦洲镇林东小学 / 63
茂名市第十六小学 / 66
韶关始兴县高峰小学 / 68
梅州市特殊教育学校 / 69
广东实验中学 / 71
珠海市田家炳中学 / 73
珠海市实验中学 / 76

普宁华侨中学 / 77
湛江市坡头区第一中学 / 83
惠阳崇雅中学 / 84
东莞中学松山湖学校 / 87
广东省商业职业技术学校 / 90
广东黄埔卫生职业技术学校 / 93
东莞市机电工程学校 / 97
华南师范大学生命科学学院 / 103
江门职业技术学院教育与教育技术系 / 105
广东工程职业技术学院思想政治理论课教学部 / 108
广东外语外贸大学马克思主义学院 / 109
广州大学化学化工学院 / 111
暨南大学新闻与传播学院 / 112
汕头大学至诚书院 / 114
深圳职业技术学院电子与通信工程学院崇理书院 / 116
肇庆学院团委 / 118

第四章　广东一线教育工作者谈社会主义核心价值体系建设学校实践 / 122
用“珍珠—项链法”构建学校社会主义核心价值体系建设工作体系 / 122
培养学生成为传承红色基因的时代新人 / 124
“六个融入”促进社会主义核心价值观建设 / 135

第五章　广东学校社会主义核心价值体系建设实践反思 / 139
第一节　实践理念 / 139
第二节　实践方法论 / 149
第三节　实践载体 / 152

参考文献 / 161
后　　记 / 169

第一章
研究绪论

第一节　研究缘起

社会主义核心价值体系建设系统推进过程中，广东作为人才培育和输入大省，引领价值观教育实践潮头。党的十九大报告强调，要把社会主义核心价值观融入社会发展各方面，转化为人们的情感认同和行为习惯，坚持全民行动、干部带头，从家庭做起，从娃娃抓起。新时代社会主义核心价值观的体系建设如何系统完善？作为文化价值观的浸润，其教育传播应该用怎样的方法推进？新时代广东学校的实践经验具备启示意义。

改革开放40多年来，广东思想道德教育方面的建树可圈可点，党的十八大以来的社会主义核心价值观体系建设也有效推进。但是，围绕广东不同类型学校实践经验的研究著述却非常稀缺，对学校核心价值观教育的调查及资料梳理，系统性教育经验的总结仍显缺乏。本研究聚焦党的十八大以来社会主义核心价值体系建设的广东学校实践，考察典型案例，总结广东思想道德教育特色理念，总结广东学校教育领域社会主义核心价值体系建设的经验，以期为全国的学校教育实践提供借鉴。

第二节　研究综述

一、“社会主义核心价值体系建设”问题的提出

社会主义核心价值观是社会主义核心价值体系的内核。体系包括马克思主义指导思想、中国特色社会主义共同理想、以爱国主义为核心的民族精神和以改革创新为核心的时代精神、社会主义荣辱观四个方面，是一个系统性、总体性的价值体系框架。

早在1978年改革开放之初，我党已经提出要认真总结思想文化建设的经验教训，深化对社会主义精神文明建设的认识，建设社会主义核心价值体系，将马克思主义基本理论与中国传统优秀文化相结合。中国共产党十二届六中全会通过了《中共中央关于社会主义精神文明建设指导方针的决议》，明确了社会主义精神文明建设的战略地位、指导思想等。

社会主义核心价值体系建设问题的具体提出与讨论，已经成为近10年来中国国家意识形态建设实践的标志性举措。2006年，中国共产党十六届六中全会上，首次提出要建设社会主义核心价值体系的科学命题。党的十七大以及十七届六中全会上对这一命题进行了阐述，指出“社会主义核心价值体系是社会主义意识形态的本质体现”，要“把社会主义核心价值体系融入国民教育和精神文明建设全过程，转化为人民的自觉追求，积极探索用社会主义核心价值体系引领社会思潮的有效途径”。2012年11月，党的十八大上首次提出“三个倡导”，构成了对当代中国社会主义核心价值观的高度概括，“倡导富强、民主、文明、和谐，倡导自由、平等、公正、法治，倡导爱国、敬业、诚信、友善，积极培育和践行社会主义核心价值观”①。党的十八大第一次提出社会主义核心价值观。2014年5月4日，习近平在与北大师生进行座谈时，强调了核心价值观对民族国家的重要性，

---

① 胡锦涛. 坚定不移沿着中国特色社会主义道路前进　为全面建成小康社会而奋斗：在中国共产党第十八次全国代表大会上的报告［M］. 北京：人民出版社，2012：32.

他指出，人类社会发展的历史表明，对一个民族、一个国家来说，最持久、最深层的力量是全社会共同认可的核心价值观。核心价值观，承载着一个民族、一个国家的精神追求，体现着社会评判是非曲直的价值标准。

社会主义核心价值观倡导富强、民主、文明、和谐，倡导自由、平等、公正、法治，倡导爱国、敬业、诚信、友善。12 个范畴 3 个层面，分别凝练概括了社会主义中国的国家价值目标、社会的价值取向和公民价值准则，共同构成了社会主义核心价值观的基本内容，是中国特色社会主义的思想道德基础。社会主义核心价值观的第一个层面包括“富强、民主、文明、和谐”。富强即国富民强，是民族复兴、人民安居乐业的物质保障；民主即人民民主，政治上努力追求民主，其本质是人民当家作主，这是社会主义国家政体的意识形态要求，是人民行驶权力的必要前提；文明是一个国家可持续发展的精神保障和素质支持，是社会主义文化的综述；和谐则是中国传统文化中有序稳定、融洽互助、健康进步的总体概括。社会主义核心价值观的第二个层面包括“自由、平等、公正、法治”，这是从社会发展层面上凝练出的人民对于健全社会的美好期望，在立足中国传统文化的同时借鉴了西方已有的社会学思想。自由意味着每个人都有权利在社会中追求最大限度的个人发展空间，可以有充分地选择自己生活、行为方式的自主权；平等是人格的平等与政治地位的平等，在平等的社会中，每个人都享受应有的权利，都应尽平等的义务，诉求能被平等地满足，不会受到压迫与歧视；公正包括公平和正义，是社会稳定和谐的基本保障；法治是依法治国基本方略的简要概括，要想实现法治，就必须改变从封建社会沿袭下来的“人治”观，将法律观念贯彻到人民的生活理念中，使每个公民都能自觉依法行事，使法律成为社会中一切行为的准则。社会主义核心价值观的第三个层面“爱国、敬业、诚信、友善”是个人行为准则。其中有对中国传统思想的秉承，也有对当代公民素质的倡导。三个层面当中，第三个层面是基础，最能考察新时代中国个人行为准则和个人价值观的变化。坚守和捍卫我国社会主义核心价值观，构建核心价值安全的文化环境，才能对当下纷繁芜杂的各类社会思潮有正确的认识和评价。

2017 年 10 月 18 日，中国共产党第十九次全国代表大会开幕会上，习近平总书记代表十八届中央委员会向大会做报告。党的十九大报告中阐述了“新时代中国特色社会主义思想和基本方略”，其中强调，“要坚定文化自信，推动社会主义文化繁荣兴盛，培育和践行社会主义核心价值观”。党的十九大报告中这样阐述社会主义核心价值观：“社会主义核心价值观是当代中国精神的集中体现，凝结着全体人民共同的价值追求。要以培养担当民族复兴大任的时代新人为着眼点，强化教育引导、实践养成、制度保障，发挥社会主义核心价值观对国民教育、精神文明创建、精神文化产品创作生产传播的引领作用，把社会主义核心价值观融入社会发展各方面，转化为人们的情感认同和行为习惯。坚持全民行动、干部带头，从家庭做起，从娃娃抓起。深入挖掘中华优秀传统文化蕴含的思想观念、人文精神、道德规范，结合时代要求继承创新，让中华文化展现出永久魅力和时代风采。”① 党的十九大报告明确了以社会主义核心价值观引领国民教育的重要性。如何从家庭做起，从娃娃做起，强化教育引导、实践养成，如何转化为人们的情感认同和行为习惯，成为教育工作者需要直面的新时代价值观教育命题。

2018 年 3 月通过的宪法修正案将“国家提倡爱祖国、爱人民、爱劳动、爱科学、爱社会主义的公德”修改为“国家倡导社会主义核心价值观，提倡爱祖国、爱人民、爱劳动、爱科学、爱社会主义的公德”。社会主义核心价值观被正式写入宪法。

40 余年来，社会主义核心价值体系建设的问题思考与实践逐渐谱写出时代强音。核心价值体系逐渐凝练的时间脉络，要放到新中国成立以来的历史中，放到近代以来中华民族的命运跌宕中，放到更深远的中华民族文明孕育、发展的历史长河中去理解。社会主义核心价值体系不是无源之水、无本之木，而是面向未来，体现先进性，不断升华发展的文化价值观体系。

二、社会主义核心价值体系建设研究现况

目前，理论学界对社会主义核心价值观的研究，主要集中在以下几个方面。

---

① 习近平. 决胜全面建成小康社会　夺取新时代中国特色社会主义伟大胜利：在中国共产党第十九次全国代表大会上的报告［M］. 北京：人民出版社，2017：42.

1. 社会主义核心价值体系的定位

在党的十七大召开后，理论学界围绕十七大精神在《中国社会科学》上发表看法。袁贵仁对社会主义核心价值体系进行了定位。他认为，社会主义核心价值体系是层次清晰、结构严谨的有机整体，马克思主义指导思想是这一体系的灵魂，民族精神和时代精神是这一体系的精髓，社会主义荣辱观是这一体系的基础，而建设社会主义核心价值体系是社会主义本质的内在要求。（袁贵仁，2008）

王琴研究指出，社会主义核心价值体系是一个内涵丰富、相互联系的多层次有机整体。建设社会主义核心价值体系要树立系统观念，不断从实践中汲取营养，吸纳和提升现实生活中的新经验。以社会主义核心价值体系引领社会思潮，不仅要加强“外推”，还要注重“内生”，最大限度地把形成社会思想共识的要求落到实处。价值体系与社会实践的变化发展应该联系在一起，历史的厚重与时代的要求应该结合起来，在进行社会主义核心价值体系建设时，应注重时代性、民族性和开放性。（王琴，2010）

王虎学的研究指出，社会主义核心价值体系是对“社会主义”价值共识的重塑，它不仅为人们在社会生活中判断是非得失做出价值选择提供一个相对统一、比较可靠的价值准则，也有利于引领多样化的社会思潮、最大限度地形成社会成员思想共识。建设社会主义核心价值体系是对加强社会主义意识形态建设的真正自觉。（王虎学，2011）

林仕尧通过分析社会主义核心价值体系建构的历史与逻辑，指出社会主义核心价值体系是中国特色社会主义实践的核心思想和价值承载，其产生和创立均立足于人们对社会主义实践的感性体验和理性认知基础之上，凝聚了人民群众对中国特色社会主义共同理想的广泛共识。（林仕尧，2012）

2. 社会主义核心价值体系引领社会思潮

用社会主义核心价值体系引领社会思潮，是当前我国社会主义核心价值体系建设的重点，也是社会主义意识形态建设领域的重要命题。不少研究者从宏观的、理论的层面研究了社会主义核心价值体系如何创新发展，如何对社会思潮进行理论批判，以及引领的一般原则、基本路径、重要机制等问题。李亚员对社会主义核心价值观引领社会思潮研究做过五个方向的研究综述梳理，较为全面地审视了这一问题的社科研究成果。[①]

（1）引领对象研究。不少学者的研究是针对当前需要引领的主要社会思潮内容展开的研究。例如朱士群从政治学视角指出需要引领的社会思潮主要有爱国主义、集体主义、社会主义、新自由主义、民主社会主义、历史虚无主义、新保守主义、后现代主义、实用主义、民族主义、民粹主义等。[②] 对社会思潮的研究，全国目前有三个中心：一是以武汉大学梅荣政教授、佘双好、王炳权等研究者为代表，基于所承担的国家社科基金重大攻关课题等为基础展开的研究；二是以清华大学刘书林教授为代表，及其所在的清华大学高校德育研究中心其他有关学者从事的社会思潮研究；三是以中共重庆市委教育工委邓卓明教授为代表的社会思潮研究团队的研究。总体看，当前马克思主义视域下的社会思潮研究还亟待深化，尤其是要开展长期、持续、全面、系统的理论和实证研究。

（2）引领的必要性研究。梅荣政、王炳权等人的研究从提高执政能力的角度，强调引领的必要性。认为以社会主义核心价值体系引领社会思潮能够解决和谐文化建设过程中的各种矛盾、能够提高党在意识形态领域的执政能力。[③] 张理海认为旗帜鲜明地以社会主义核心价值体系引领社会思潮，是积极应对当今世界范围内的思想文化变革的冲击和挑战的必然要求。[④] 李建华、姜国俊的研究指出，社会主义核心价值体系引领社会思潮是构建社会主义和谐社会新形势的必然要求，是中国社会各方面大变革新形

---

① 李亚员. 用社会主义核心价值体系引领大学生思潮研究［D］. 长春：东北师范大学，2014.

② 朱士群. 当代中国社会思潮：回应与引领［J］. 安徽师范大学学报（人文社会科学版），2008（4）：390－394.

③ 梅荣政，王炳权. 坚持以社会主义核心价值体系引领社会思潮［J］. 思想理论教育导刊，2007（6）：8－12.

④ 张理海. 坚持以社会主义核心价值体系引领社会思潮［J］. 西安政治学院学报，2006（6）：5－14.

势的必然要求，是世界范围意识形态安全新形势的必然要求。[①]

（3）引领思路、方针、原则研究。尊重差异，包容多样，最大限度地形成社会思想的共识，被不少研究者视为基本方针，进而提出了不少引领原则建议。在引领思路方面，周玉、马建军认为，坚持以社会主义核心价值体系引领纷繁多样的社会思潮，要为各种思潮搭建一个平等对话的平台。一要巩固社会主义核心价值体系的主导地位，增强其对社会思潮的引领力；二要加强对复杂多样的社会思潮的深入研究，把握对其引领的主动权；三要积极拓展引领社会思潮的有效渠道，找准引领的着力点。[②] 敖带芽的研究认为，以社会主义核心价值体系引领社会思潮，应做到坚持弘扬主旋律与提倡多样性的统一，坚持先进性和层次性的统一，坚持整合性和开放性的统一。[③]

（4）引领路径研究。研究者李爱莉认为，实现社会主义核心价值体系对社会思潮的引领，必须大力建设社会主义核心价值体系，增强其吸引力、凝聚力；推进社会主义核心价值体系的大众化，增强其渗透力、影响力；推进社会主义核心价值体系贯彻落实的制度化，增强其支配力、掌控力。[④] 王培芝认为，坚持以社会主义核心价值体系引领社会思潮，在实践操作层面上，目前最重要的就是要把社会主义核心价值体系贯穿于思想建设过程中，抓住四个切入点：一是构建科学的信仰系统；二是塑造良好的行为规范；三是培养辩证的思维方式；四是高度关注民生问题。[⑤]

（5）引领机制研究。引领的机制问题是引领问题研究中的重点和难点。

---

① 李建华，姜国俊．用社会主义核心价值体系引领社会思潮［N］．人民日报，2008-03-04（11）．

② 周玉，马建军．以社会主义核心价值体系引领社会思潮的现实路向［J］．西南农业大学学报（社会科学版），2009（2）：77-81．

③ 敖带芽．坚持以社会主义核心价值体系引领社会思潮［J］．党建研究，2007（6）：17-19．

④ 李爱莉．积极探索以社会主义核心价值体系引领社会思潮的有效途径［J］．军队政工理论研究，2008（2）：31-33．

⑤ 王培芝．坚持以社会主义核心价值体系引领社会思潮［J］．理论视野，2007（9）：37-39．

研究者刘长军认为，以社会主义核心价值体系引领社会思潮的机制包括：动力机制——引领社会思潮的内力之源；保障机制——引领社会思潮的现实之选；协调机制——引领社会思潮的灵活之策。[①] 肖浩提出，社会主义核心价值体系引领社会思潮的有效机制，主要包括构建社会主义核心价值体系自我发展机制；社会主义核心价值体系覆盖融入机制；社会思潮的监控机制；多样化社会思潮解读辨析的舆论引导机制；防御消极甚至敌对思潮的机制；多样化社会思潮沟通交流的对话机制；多样化社会思潮存在发展的规约机制等。[②] 王永芹在其《当代中国多样化社会思潮发展态势与引领机制探析》一文中论述了积极构建引领多样化社会思潮的四个有效机制：构建社会主义核心价值体系自我发展机制，构建与多样化社会思潮沟通交流的对话机制，构建多样化社会思潮解读辨析的舆论引导机制，构建多样化社会思潮存在发展的规约机制。[③]

3. 社会主义核心价值体系建设引领学校道德教育

在社会主义核心价值体系提出以前，教育学界对学校德育问题的研究已经有长期的关注和讨论，其中最具代表性，讨论最具深度的是我国品德教育心理学家李伯黍先生。他认为，道德价值观结构是道德价值内容和道德价值形式的统一体，是人们进行道德判断、道德推理和道德行为决策的基础，兼含知、情、意、行几方面的意义。所以，学校道德教育应该着重促进学生形成一个既具有丰富而正确的道德价值内容，又具有较高道德价值形式水平的道德价值观结构，使之得到正确而有效的应用。道德价值观教育应两个方面并重。在道德价值内容的传授方面，他认为，应该传授符合社会要求的道德规范和美德概念，通过讲解、示范、强化和实践等一系列手段，采用符合其年龄特征的方法，进行不同的教育，使学生了解并接受它们。在道德价值形式的训练方面，他认为，我国目前的道德价值观教

---

① 刘长军. 社会主义核心价值体系引领社会思潮的三大机制［J］. 中国井冈山干部学院学报，2009（3）：32－36.

② 肖浩. 论构建社会主义核心价值体系引领社会思潮的有效机制［J］. 电子科技大学学报（社会科学版），2009（2）：55－58.

③ 王永芹. 当代中国多样化社会思潮发展态势与引领机制探析［J］. 河北学刊，2008（6）：140－142.

育极不重视这一方面的训练，是不明智的。我们应在进行道德价值内容的传授的同时，大力加强道德价值形式的训练。（李伯黍，1981；李红，1994）曾维菊认为，学校德育的重点在守住“底线伦理”，可以避免学校德育工作的过度理想化和泛政治化。（曾维菊，2006）

在社会主义核心价值体系提出之后，中国社会科学院马克思主义研究学部于2007年底承担院内关于社会主义核心价值体系建设情况的调研课题，在多地展开走访调查和问卷访谈。（程恩富等，2011）在师范类院校，龙静云围绕社会主义核心价值体系引领道德建设问题展开研究。他指出，在理论上，应深刻揭示核心价值体系建设与道德建设的内在关系；在具体的建设过程中，则涉及道德建设机制建立、道德建设理念重构、道德建设规范建构、道德教育活动展开、不同群体的道德实践、道德建设实效性提升等重要问题的研究和探索。（龙静云，2011）

近5年来，国内高校培养的博士生也围绕社会主义核心价值体系建设问题陆续有博士论文成果产生。王丽丽对社会主义核心价值体系与大学生核心价值观构建有过专门的研究。她认为，社会主义核心价值体系引领大学生核心价值观的内容凝练，引领大学生核心价值观的形成过程。社会主义核心价值体系是传统与时代的结合，是先进与大众的结合，因此高校传统的“自上而下”的课堂教育和由团委或辅导员下派的实践活动已不足以满足教育的需要，需要构建“融入”培养的新工作模式。根据大学生所处高校的培养理念、学生的专业特色、学生的个体需要，搭建基础理念、校园文化特色、专业主题和个体反馈的“四位一体”的工作模式，即社会主义核心价值体系作为思想理念基础，引领培养的目标和方向；将大学生核心价值观的内容融入大学生校园文化建设，营造培养氛围；根据专业特点开展与学生切身相关、能够激发兴趣的实践体验活动；搭建学生个体的反馈平台，有针对性地解决学生的价值困惑，了解学生所需。在这一新型工作模式中，以社会主义核心价值体系作为基本方向的价值引领是关键；营造大学生核心价值观的培养氛围是基础；因材施教，实践培养是手段；个体反馈的接受情况和问题是工作模式的检验标准。通过“尊重”的工作理念和“四位一体”的工作模式，切实将社会主义核心价值体系融入大学生核心价值观的培养中。（王丽丽，2013）围绕“融入”概念，王双群展开了社会主义核心价值体系融入思想政治理论课教育教学研究。（王双群，2014）

在对学校德育工作具体实践的研究当中，有教育工作者基于社会主义核心价值观三个层次内容的践行情况，计算权重比例，尝试对上海中小学的德育课程一体化效果进行量化评估。（杨卫红、周燕，2015）但是，笔者认为，与社会主义核心价值体系接轨的德育评价体系建构尝试恐怕还需要更多严谨的社会科学实验，才能加以应用。

第三节 研究方法

本专题的研究从 2017 年开始。为了对社会主义核心价值观认知程度和教育传播中的问题有初步的把握，笔者和研究团队设计问卷，对广州的大学生群体展开了随机抽样调查。根据 2016 年《广州统计年鉴》广州地区 80 所高等院校在校学生分布情况，采用分层抽样、配额抽样、简单随机抽样、现场偶遇抽样相结合的方法，选出 13 所高等院校作为调查点，在校园内以现场偶遇的方式，对在校学生进行面对面的访问，完成有效调查问卷 300 份。笔者又根据前期研究情况，设计《核心价值观认知调查》问卷发放在在线调研平台问卷宝上，使用了该平台提供的样本条件限制功能，通过对被试手机定位信息的分析，选取广州、深圳、北京、上海四城用户作为调查对象。自 2017 年 10 月 9—16 日，平台共计回收问卷 927 份，其中广州 300 份、深圳 300 份、北京 164 份、上海 163 份。在经费有限的条件下，对社会主义核心价值观的公众认知情况，做了前期初步调研。又针对社会主义核心价值观主题的纸媒报道，对全国的主要报纸进行了文献计量分析。管中窥豹，从中发现了一些问题。

2018 年，笔者和课题组成员将社会主义核心价值观的教育问题聚焦在广东学校的实践问题上。围绕社会主义核心价值观体系建设的广东学校实践问题，主要采用了调查研究和案例分析的方法进行研究。其中，通过对代表性学校进行访谈和文献资料整理与分析作为研究拓展；通过对学校教师和学生的访谈和经验谈，寻找扎根学校教育实践的特色模式。

第二章
学校社会主义核心价值体系建设方略

第一节　社会主义核心价值体系建设中普遍存在的问题

对青年学生的思想引领是学校社会主义核心价值体系建设工作的重心。社会主义核心价值体系建设的学校实践方略也因此显得尤为重要。“两个一百年”中国梦的实现，需要薪火代代相传。青年学生是中国未来发展的生力军。青年学生的思想是否坚定，决定了社会主义道路能否真正走下去。青年学生的人生观、价值观正在形成过程中，社会阅历不足，对人生发展的方向尚在徘徊选择之中。这一时期是逆反心理与盲目从众心理相交织的时期。中学时代的应试教育，并没有让他们从思维能力上对价值观是非判断建立一套成熟的思维方法，这是教育工作上的缺失，强化对青少年的思维训练、思想引领和价值观树立迫在眉睫。在社会主义核心价值体系建设方面，我们可以发现有许多普遍存在的问题。这些问题有宣传教育途径上的，也有方式、方法上的。各类各学龄阶段学校面对各自校园实际情况展开的教育活动，也仍在摸索创新之中。当下普遍存在的问题主要有以下几点。

一、缺乏迎合青年群体信息获取偏好的教育传播途径

2017—2018 年，围绕社会主义核心价值观的公众认知程度问题，笔者

通过问卷调研方式和文献分析展开了前期小规模的初步调查。对社会主义核心价值观教育和传播中存在的问题，有一定的凸显。围绕青年对社会主义核心价值观的认知情况，2017年10月，笔者利用问卷宝平台，选取了北京、上海、广州、深圳四城用户参与问卷调查。2017年10月9—16日，平台共计回收问卷927份，其中北京164份、上海163份、广州300份、深圳300份。参与问卷调查的用户以40岁以下、在四城学习生活的青年为主，较能反映青年人群的认知情况（表2－1）。

表2－1　四城参与问卷调查用户的年龄分层情况

年龄	北京市	上海市	广州市	深圳市	平均
<30岁	50.0%	39.8%	61.6%	49.3%	50.2%
30～40岁	37.8%	47.9%	32.7%	46.0%	41.1%
40岁以上	12.2%	12.3%	5.7%	4.7%	8.7%
合计	100.0%	100.0%	100.0%	100.0%	100.0%

调查发现，微信、网站等新媒体已经成为受访者主要的信息获取渠道。（表2－2）考虑到使用问卷宝的用户群体本身的偏好特征，存在可能是受访者本身就偏好新媒体的情况。不过，在2017年针对广州大学生和广州市民的随机抽样调查中，同样也发现了当下公众普遍对新媒体的使用偏好。但是与这种偏好不相适应的，是宣传教育途径仍然较为依赖传统媒体的现状。

表2－2　四城参与问卷调查用户的信息获取渠道偏好

偏好	<30岁	30～40岁	40岁及以上	平均
更喜欢看书	13.3%	9.6%	2.8%	8.6%
更喜欢看报纸杂志	6.7%	5.1%	7.0%	6.3%
更喜欢看电视	14.2%	14.1%	19.7%	16.0%
更喜欢刷微信	29.4%	30.3%	29.6%	29.8%
更喜欢浏览各类网站	32.2%	38.2%	35.3%	35.2%
更喜欢面对面的学习交谈	4.0%	2.4%	4.2%	3.5%
都不喜欢	0.2%	0.3%	1.4%	0.6%
合计	100.0%	100.0%	100.0%	100.0%

在调查中，受访者显示出获得社会主义核心价值观内容认知的第一印象大多来自电视公益广告宣传和街头宣传标语。从新媒体中获取此类信息的比例较低（表2-3）。

表2-3　获得核心价值观第一印象的途径（多选）

途径	北京市	上海市	广州市	深圳市	平均
理论书籍	25.6%	25.2%	29.0%	20.3%	25.0%
街头宣传标语	38.4%	44.8%	43.7%	46.7%	43.4%
电视公益广告宣传	67.1%	60.7%	63.3%	58.7%	62.4%
报纸	17.7%	19.0%	25.3%	21.0%	20.8%
广播	16.5%	10.4%	12.3%	15.3%	13.6%
各类网站	31.1%	32.5%	31.3%	32.3%	31.8%
微信公众号	25.6%	17.8%	16.7%	32.0%	23.0%
学校、单位等组织的日常宣传教育	29.9%	26.4%	29.3%	19.0%	26.2%
合计	251.9%	236.8%	250.9%	245.3%	246.2%

2017年4—6月，笔者带领课题研究团队以广州市为例，进行了核心价值观引领公众现状的抽样调查。这次调查得到了一些发现，对推进我们以核心价值引领与整合多样化社会思潮的路径选择能提供一些反映民意的参考指引。

调查问卷考察公众日常阅读领域、对影视作品的选择取向，也审视公众日常生活模式中传统与现代的文化取向。通过设计公众针对社会主义核心价值观基本认识的问题，考量其日常信息接触途径、阅读取向、日常生活态度与价值观的关联性，评估其受社会思潮影响和社会主义核心价值观理解程度之间的关系。

调查对象分为市民和大学生两部分，共计访问857位民众，完成有效调查问卷800份。市民部分，根据2016年《广州统计年鉴》各区的常住人口比例分配样本量，采用分层抽样、简单随机抽样相结合的方法进行电话访问，完成有效调查问卷500份；学生部分，根据2016年《广州统计年鉴》广州地区80所高等院校在校学生分布情况，采用分层抽样、配额抽样、简单随机抽样、现场偶遇抽样相结合的方法，选出 13 所高等院校作为调查点，在校园内以现场偶遇的方式，对在校学生进行面对面的访问，完成有效调查问卷 300 份。数据分析软件采用的是 SPSS 17.0，对问卷的处理涉及频数分析和交互分析。在 95% 的置信水平下，其最大绝对误差为 ±3.5%，其中市民部分不超过 ±4.4%，大学生部分不超过 ±5.6%。调查能够反映总体状况，具有一定代表性。

通过这次随机抽样调查发现，新媒体成为广州民众日常阅读和信息获取的主要渠道。调查显示，微信是日常阅读和信息获取的主要渠道，大学生的首选是“微信公众号”，选择比例为 64.0%；“微信朋友圈”的比例为 29.6%。市民的首选是“微信朋友圈”，选择比例为 38.6%；其次是“微信公众号”，选择比例为 36.8%。

在日常阅读和信息获取的主要渠道中，大学生选择书籍的比例高于市民。市民选择“广播电视”和“报纸杂志”这类传统媒体的比例高于大学生（图 2－1）。

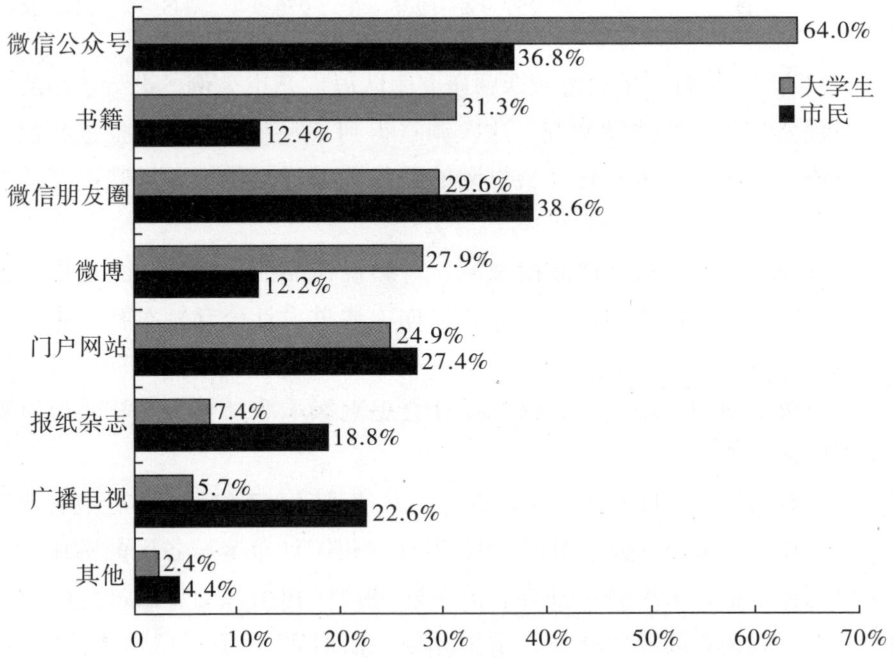

图 2－1　民众在日常阅读和信息获取的主要渠道（限选两项）

从这次小型抽样调查中，已经可以看到不同年龄人群的阅读和信息获取主要渠道存在明显差异。从年龄段来分析，60岁以上的老年人更习惯通过“报纸杂志”获取信息，而中青年人则喜欢通过“微信公众号”获取信息。

从就业状况来分析，离退休人员相对更喜欢看“微信朋友圈”和“广播电视”，选择比例分别为42.2%、40.0%，但极少使用“微博”，选择比例仅为2.2%。无业/零散工人员则极少通过“书籍”获取信息，选择比例仅为2.9%；但使用“微博”要高于其他人群，比例为17.6%。

从收入程度来分析，低收入人群选择看“报纸杂志”最少，选择比例为7.4%。随着收入程度的上升，选择通过“广播电视”来获取信息的比例呈下降趋势，选择“报纸杂志”的比例上升。但无论何种收入程度，从“微信公共号”和“微信朋友圈”获取信息都成为最为突出的方式。

从受教育程度来分析，受初中及以下教育的人群极少使用“微博”和“书籍”获取信息，选择比例均在5%以下，信息获取渠道多来自“微信朋友圈”和“广播电视”，选择比例均在35%以上；受过专科及以上教育的人群阅读书籍的比例相对较高，但使用微信仍然占据了最高的比例（表2-4）。

表2-4　广州市民中不同人群日常阅读和获取信息的主要渠道

不同人群渠道		书籍	报纸杂志	微信公众号	门户网站	广播电视	微信朋友圈	微博	其他
年龄	18~30岁	19.5%	11.6%	42.1%	31.1%	11.0%	37.8%	17.7%	5.5%
	31~40岁	9.9%	9.2%	44.7%	33.3%	17.7%	44.0%	12.8%	3.5%
	41~50岁	8.3%	20.2%	28.6%	33.3%	35.7%	42.9%	4.8%	2.4%
	51~60岁	8.0%	38.7%	22.7%	9.3%	33.3%	30.7%	10.7%	5.3%
	60岁及以上	8.3%	44.4%	30.6%	11.1%	41.7%	27.8%	5.6%	5.6%
政治面貌	共产党员	14.1%	20.0%	41.2%	25.9%	24.7%	36.5%	7.1%	9.4%
	共青团员	13.5%	16.2%	39.2%	36.5%	14.9%	29.7%	17.6%	6.8%
	群众	11.6%	18.8%	35.7%	25.6%	23.5%	41.4%	12.2%	2.7%

续上表

不同人群渠道		书籍	报纸杂志	微信公众号	门户网站	广播电视	微信朋友圈	微博	其他
就业状况	离退休人员	6.7%	33.3%	33.3%	6.7%	40.0%	42.2%	2.2%	8.9%
	无业/零散工	2.9%	19.1%	42.6%	22.1%	17.6%	38.2%	17.6%	2.9%
	自由职业者	11.9%	17.8%	31.9%	23.0%	22.2%	34.8%	14.1%	5.2%
	单位就业者	15.6%	16.8%	38.8%	35.2%	21.2%	40.4%	11.2%	3.2%
性别	男性	11.6%	18.7%	34.8%	33.0%	24.0%	32.6%	8.6%	7.5%
	女性	13.3%	18.9%	39.1%	21.0%	21.0%	45.5%	16.3%	0.9%
收入程度	低收入者	11.1%	7.4%	37.0%	20.4%	33.3%	37.0%	9.3%	11.1%
	中低收入者	12.6%	19.3%	39.5%	30.3%	26.9%	31.9%	12.6%	4.2%
	中等收入者	12.6%	17.2%	36.3%	33.0%	20.9%	40.5%	11.2%	3.7%
	中高/高收入者	12.5%	26.8%	34.8%	17.0%	16.1%	42.9%	15.2%	2.7%
受教育程度	初中及以下	4.1%	21.9%	31.5%	13.7%	35.6%	41.1%	2.7%	9.6%
	高中/中专	6.9%	20.6%	38.9%	20.6%	26.7%	44.3%	7.6%	3.1%
	大学专科	16.8%	19.8%	35.9%	32.1%	16.8%	38.9%	16.0%	3.1%
	本科及以上	17.2%	15.3%	38.0%	35.0%	18.4%	33.1%	16.6%	4.3%

调查着重关注大学生群体的信息获取习惯。大学生中不同人群信息获取渠道差异不大。“微信公众号”和“微信朋友圈”依然是他们获取信息的最重要途径。调查显示，从教育层级分析，本科生首选通过“微信公众号”阅读和获取信息，其次则是“书籍”，选择比例为35.2%，高于专科生8.8%，也是所有人群中选择比例最高的。从性别分析，女生选择“微信公众号”的比例高于男生14个百分点，分别为70.6%、56.2%；男生选择“微信朋友圈”的比例高于女生近13个百分点，分别为36.5%、23.8%。无论男生还是女生，专科生还是本科生，理科生还是文科生，新生还是老生，微信公众号都成为排名第一的信息来源渠道，这种影响超过了书籍的影响，值得教育者注意和反思（表2-5）。

表 2－5　广州大学生中不同人群日常阅读和获取信息的主要渠道

不同人群渠道		书籍	报纸杂志	微信公众号	门户网站	广播电视	微信朋友圈	微博	其他
性别	男生	29.2%	7.3%	56.2%	32.1%	7.3%	36.5%	18.2%	2.9%
	女生	33.1%	7.5%	70.6%	18.8%	4.4%	23.8%	36.3%	1.9%
教育层级	专科生	26.4%	9.1%	67.8%	24.0%	5.8%	28.1%	29.8%	3.3%
	本科生	35.2%	6.7%	60.6%	24.2%	6.1%	30.9%	27.3%	1.8%
所学专业	理工生	32.7%	6.1%	60.5%	27.2%	7.5%	31.3%	25.2%	1.4%
	文科生	30.0%	8.7%	67.3%	22.7%	4.0%	28.0%	30.7%	3.3%
所读年级	新生	32.6%	7.4%	63.2%	28.4%	5.3%	29.5%	26.3%	2.1%
	老生	30.7%	7.4%	64.4%	23.3%	5.9%	29.7%	28.7%	2.5%

与年轻人媒介使用偏好相对，社会主义核心价值观的公众教育和传播存在的主要问题是传播方式受限于传统媒介手段，欠缺相应的应变和针对性。初步调查进行的相关性分析发现，从受众角度来看，对社会主义核心价值观较为了解的人群，较多通过书籍等传统媒介方式获得社会主义核心价值观的信息知识。这看起来似乎是在表明个体差异，或者可能是受众的知识水平差异造成了社会主义核心价值观的传播效果差异。但单独对大学生群体进行相关性分析，消除了知识水平差异的问题，也同样得出了群体较少通过新媒体途径获得社会主义核心价值观认识的结论。

调查发现，对核心价值观具体内容越了解的人，在日常通过阅读“书籍”获取信息的比例就越高，对核心价值内容“非常了解，并完全理解”的人，高于“完全不了解”的人近20个百分点（表2－6、图2－2）。

表 2－6　不同程度了解核心价值观内容的人阅读和信息获取的主要渠道

了解程度渠道	书籍	报纸杂志	微信公众号	门户网站	广播电视	微信朋友圈	微博	其他
完全不了解	5.5%	14.3%	34.1%	20.9%	18.7%	47.3%	12.1%	4.4%
不太了解，只有模糊印象	11.6%	17.4%	35.3%	29.0%	21.9%	42.4%	11.2%	5.8%

续上表

了解程度渠道	书籍	报纸杂志	微信公众号	门户网站	广播电视	微信朋友圈	微博	其他
比较了解，也基本能理解	15.3%	23.6%	40.8%	28.7%	24.8%	30.6%	14.6%	1.3%
非常了解，并完全理解	25.0%	17.9%	35.7%	28.6%	28.6%	25.0%	7.1%	10.7%

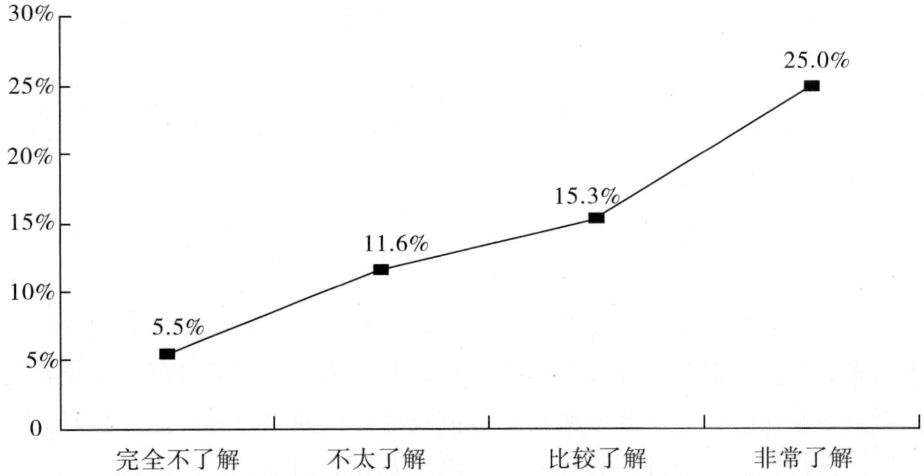

图 2－2　不同程度了解核心价值观内容的人阅读“书籍”的比例

报纸杂志仍是主流意识形态传播的重要途径，也是社会思潮争锋的一个重要展示平台。2017 年，笔者利用知网中国重要报纸全文数据库，以及方正阿帕比中国报纸资源全文数据库的两个数据库资源进行了数据收集和分析。其中，知网中国重要报纸全文数据库的数据一直在更新中，但方正阿帕比的中国报纸资源全文数据库在 2016 年 1 月 8 日以后停止了更新。笔者围绕“社会主义核心价值观”主题词，对两个数据库的全国报纸杂志进行了检索和文献计量分析。

知网中国重要报纸全文数据库截至 2012 年底，已经收录了近 500 种中央及地方重要报纸。检索时间从 2006 年 12 月 4 日到 2017 年 10 月 13 日，共检索到知网报道 3 338 篇。报道数量的逐年分布情况如下图所示（图 2－3）。

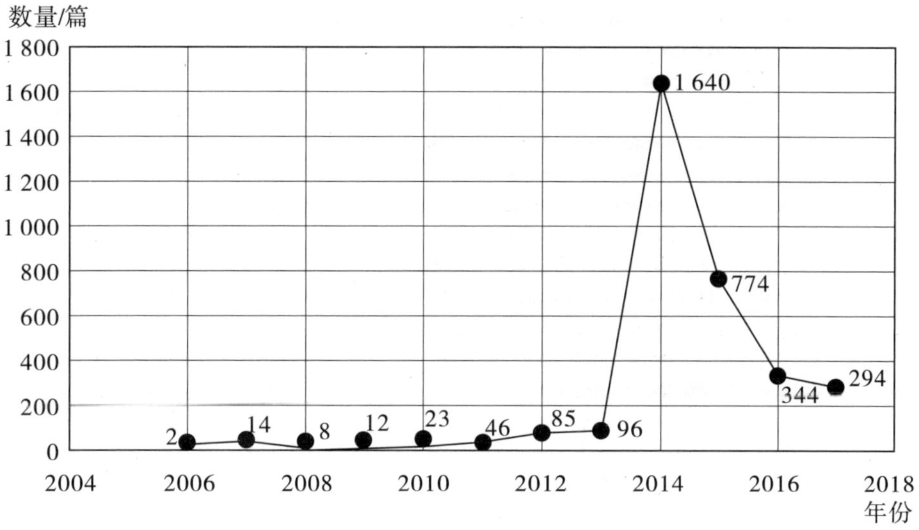

图 2－3　“社会主义核心价值观”主题词报道量

从中可见 2014 年是这一主题词报道的第一次高峰期。围绕“社会主义核心价值观”主题词，在对报道内容进行层次分析后发现，大部分的“社会主义核心价值观”主题词出现在政策研究（社科）相关的报道中，在大众文化领域以及基础教育与中等职业教育中占比极少（图 2－4）。

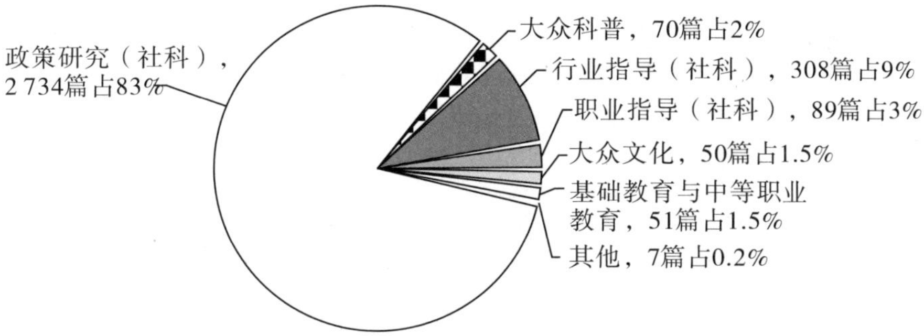

图 2－4　报纸“社会主义核心价值观”主题词报道层次分布

按照来源分布的情况，“社会主义核心价值观”报道篇数在 900 以上的报纸如下（图 2－5）。

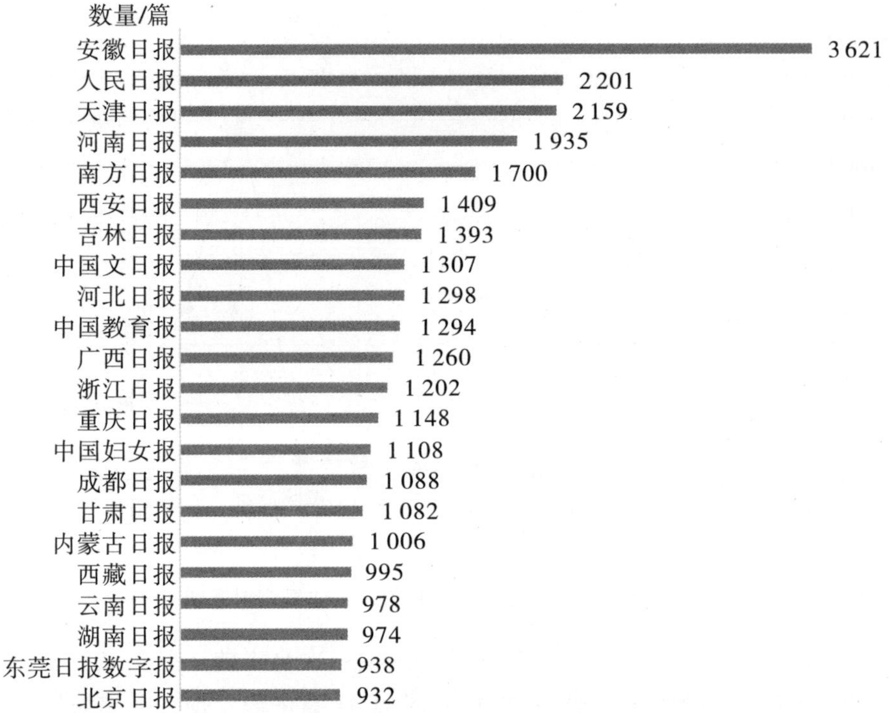

图 2－5　“社会主义核心价值观”主题词报道来源分布（>900 篇）

报纸是主流意识形态向基层群众宣传思想的有力武器和重要渠道。2017 年，检索当时方正阿帕比相关媒体报道数据，以“社会主义核心价值观”为主题词进行检索，检索到最早报道时间为 1995 年 6 月，检索到当时已有相关报道 12 万余篇。从当时报道所在报纸的地区分布量来看，北京市、河北省的相关报道数量领先。从检索数据上看，北京、河北、浙江、安徽、河南、内蒙古等省市的党报对“社会主义核心价值观”的报道量更高。

因为经费原因，调研只能做初步的推进。但从这次调查反馈的信息可以窥得，社会主义核心价值观宣传教育途径中存在的一些普遍问题。与青年人群使用新媒体的偏好不一致的是，社会主义核心价值观的宣传仍受到了传统媒体传播手段的掣肘。例如多见于街头标语、电视、报纸这类官方媒体的公益宣传，微信、微博等新媒体平台的宣传方式较少。在报纸宣传文章的内容上，也更多是服务于政策研究，在大众文化传播内容中较少看到。尤其令人感到惋惜的是，这一重要的价值观教育主题，很少在基础教育与中等职业教育类的报道中被提及。社会主义核心价值观的宣传，重点并不是政策研究，而是真正让这些价值理念深入人心，深入到教育工作的一线，内生、内化于教育工作的实务践行中的同时，也让越来越多的人认识并认同这些文化价值观，从而真正达到凝神聚气的目的。目前，从粗浅的调研情况来看，社会主义核心价值观的宣教途径仍需要呈现更多的鲜活性，更接人气、接地气。

二、社会主义核心价值观传播方式有待加强针对性和精准化

在调研中也发现，社会主义核心价值观的教育目前缺乏“量身定制”，缺乏有针对性的精准宣教。精准化浸润的缺憾主要表现在宣传重点与民众关心点的错位。

在通过问卷宝考察四个城市受访用户对社会主义核心价值观内容的基本认知时，各个年龄层反馈的了解程度如下（表2－7）。

表2－7　不同年龄层受访者对社会主义核心价值观内容了解程度

了解程度	<30岁	30～40岁	40岁及以上	平均
完全不了解	6.1%	5.3%	5.7%	5.7%
不太了解，只有模糊印象	30.0%	34.6%	50.7%	38.4%
比较了解	48.3%	49.2%	38.0%	45.2%
非常了解，并完全理解	15.6%	10.9%	5.6%	10.7%
合计	100.0%	100.0%	100.0%	100.0%

通过对不同受教育程度的受访者进行比较后，发现受教育程度越高，对社会主义核心价值观的内容越了解。从另一方面也反映出，教育传播的重点应该重心下移，如多放在一些受教育程度较低的群体身上。考虑更多地用更加通俗化的教育传播途径去进行社会主义核心价值观教育（表2－8）。

表2-8　不同教育程度受访者对社会主义核心价值观内容了解程度

了解程度	初中毕业	高中/职高毕业	中专/技校	大学专科	大学本科	研究生以上	平均
完全不了解	16.7%	6.6%	7.1%	7.1%	4.1%	3.4%	7.5%
不太了解，只有模糊印象	56.7%	42.9%	47.1%	38.1%	27.1%	19.0%	38.5%
比较了解	23.3%	38.4%	35.7%	43.9%	55.1%	51.7%	41.4%
非常了解，并完全理解	3.3%	12.1%	10.1%	10.9%	13.7%	25.9%	12.7%
合计	100.0%	100.0%	100.0%	100.0%	100.0%	100.0%	100.0%

调研将重点放在与个人密切相关的社会主义核心价值观个人层面的考查，着重审视受访者对“爱国”“敬业”“诚信”“友善”四种价值观的重视程度。调研结果显示，北京、上海、广州、深圳四座城市的受访者都将“诚信”放在最为重视的地位（表2-9）。

表2-9　最重视的个人层面社会主义核心价值观

价值观	北京市	上海市	广州市	深圳市	平均
爱国	31.1%	23.3%	31.0%	27.7%	28.3%
敬业	10.4%	14.7%	13.7%	11.0%	12.5%
诚信	48.8%	56.4%	50.3%	54.0%	52.4%
友善	9.7%	5.6%	5.0%	7.3%	6.9%
合计	100.0%	100.0%	100.0%	100.0%	100.0%

通过对比受访者受教育程度，来看对社会主义核心价值观个人层面价值观的重视度，发现不同教育程度的受访者对“诚信”较为重视（表2-10）。

表 2-10　不同教育程度受访者对个人层面社会主义核心价值观的重视度

价值观	初中毕业	高中/职高毕业	中专/技校	大学专科	大学本科	研究生以上	平均
爱国	16.7%	23.1%	38.6%	31.8%	27.3%	27.6%	27.5%
敬业	10.0%	22.0%	24.3%	13.0%	9.3%	5.2%	14.0%
诚信	60.0%	49.5%	30.0%	49.8%	56.0%	62.1%	51.2%
友善	13.3%	5.4%	7.1%	5.4%	7.4%	5.1%	7.3%
合计	100.0%	100.0%	100.0%	100.0%	100.0%	100.0%	100.0%

但相对的，迎合民众的关心重点，对个人层面的社会主义核心价值观的宣传和强调切入却稍显不足。

笔者认为，除了受个体知识水平、阅读能力影响，社会主义核心价值观的传播效果还受传播方式、渠道的影响。普通公众不了解社会主义核心价值观内容，这与大众化、通俗化传播方式宣传不足有关。围绕这一观点，课题组针对在公众中公信力和影响力突出的人民网的“人民论坛”与“人民社论”版块，从2012—2017年的所有文本数据进行了抓取分析。将数据按版块和年份分开统计“社会主义核心价值观”“富强”“民主”等13个核心词在文章中出现的频次后，进行对比。为保证数据的完整性，比照人民日报评论部出版的包含所有人民论坛文章的汇编，其中，2012—2015年获得了电子版，无法获得的也通过目录的对比，确保了抓取文章的完整性和正确性。抓取的最终截止时间是2017年7月。

数据情况和对比结果如表2-11至表2-12、图2-6所示。

表 2-11　各版块文章数量

年份	人民论坛/篇	人民社论/篇
2012	221	18
2013	224	21
2014	234	21
2015	204	18

续上表

年份	人民论坛/篇	人民社论/篇
2016	215	18
2017	113（至7月21日）	8（至7月1日）
合计	1 211	104

人民论坛的文章中，13个词当中，每年被提及且频次都位于前3的词语是“文明”；而“民主”“法治”和“诚信”在2014年出现的频次明显增多（表2-12、图2-6）。

表2-12　人民论坛2012—2017年各词词频对比

单位：频次

词汇	2012年	2013年	2014年	2015年	2016年	2017年
社会主义核心价值观	5	0	4	6	4	1
富强	8	6	7	4	3	0
民主	61	21	109	33	9	5
文明	62	45	79	33	40	13
和谐	37	9	19	19	8	8
自由	19	31	58	51	20	7
平等	23	10	32	14	6	4
公正	21	11	15	11	7	1
法治	10	9	103	65	10	4
爱国	10	7	6	15	14	5
敬业	0	5	5	4	6	5
诚信	12	10	61	11	8	1
友善	2	0	6	2	2	2

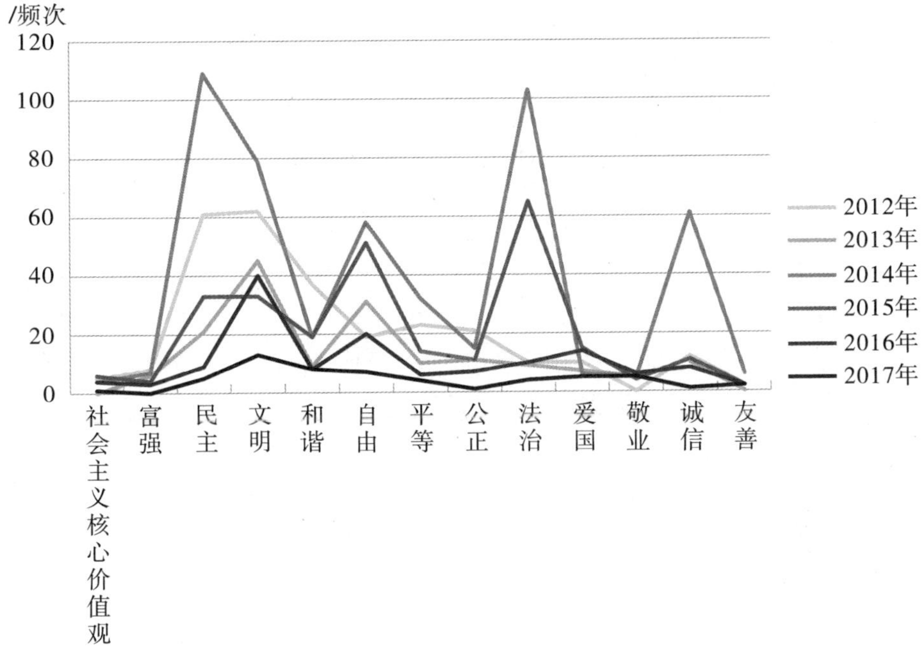

图 2－6　人民论坛 2012—2017 年各词词频对比

人民社论的文章中，13 个词当中，每年被提及的频次都位于前 3 的词语是“民主”；而“法治”在 2014 年出现的频次明显增多（表 2－13、图 2－7）。

表 2－13　人民社论 2012—2017 年各词词频对比

单位：频次

词汇	2012 年	2013 年	2014 年	2015 年	2016 年	2017 年
社会主义核心价值观	3	25	3	4	1	1
富强	1	11	1	5	2	1
民主	19	47	40	47	41	8
文明	10	18	7	9	2	2
和谐	21	11	10	10	3	2
自由	0	3	0	2	1	2
平等	3	11	8	4	1	2

续上表

词汇	2012 年	2013 年	2014 年	2015 年	2016 年	2017 年
公正	1	3	5	1	3	1
法治	2	32	89	41	16	2
爱国	4	5	12	1	0	1
敬业	2	2	0	2	2	0
诚信	1	2	0	0	0	0
友善	0	3	0	0	0	0

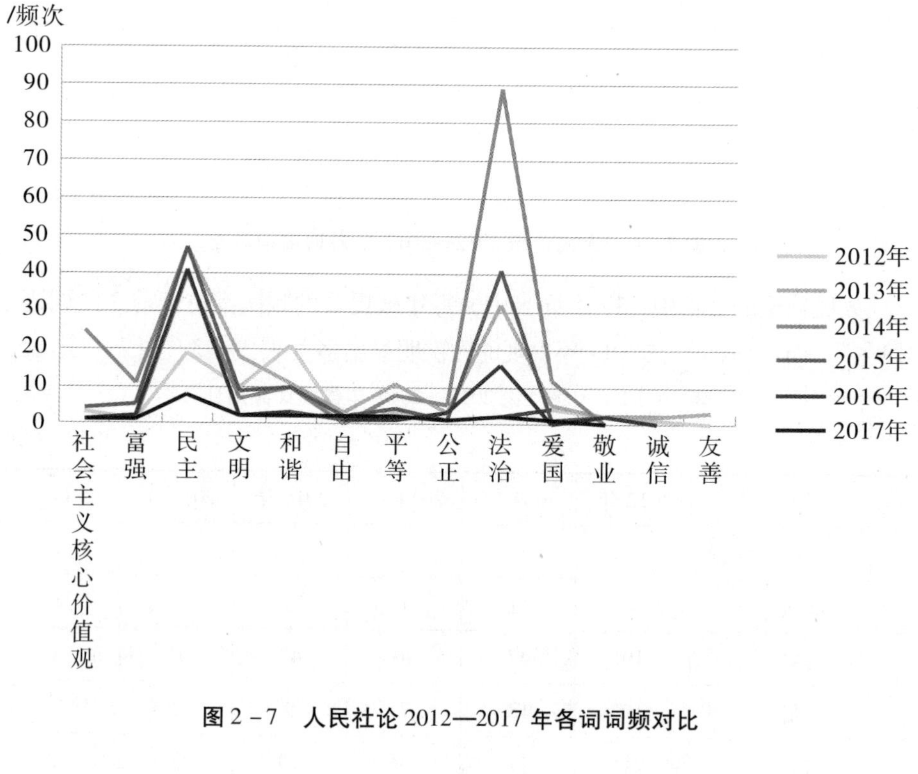

图 2－7　人民社论 2012—2017 年各词词频对比

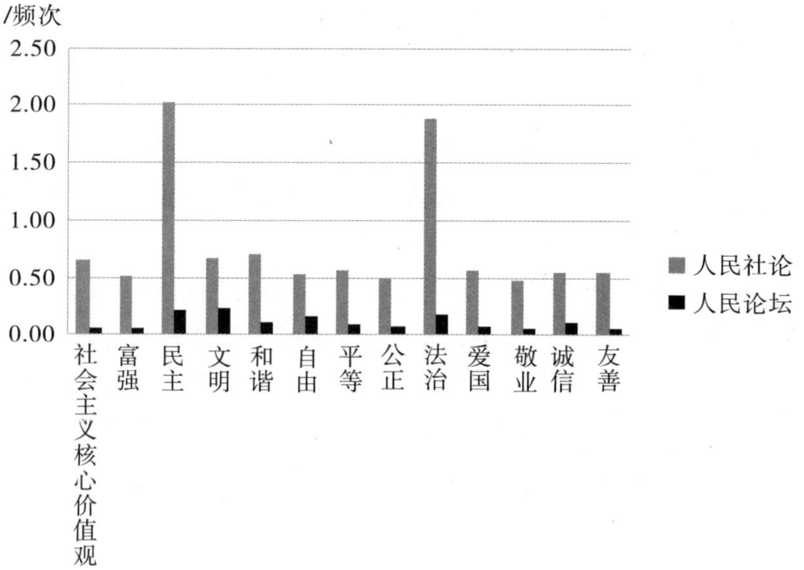

图 2-8 人民社论与人民论坛各词词频占比对比

从分析结果来看，5 年来，人民论坛文章中出现频次前 3 的词语依次是“文明”“民主”“法治”；而人民社论的为“民主”“法治”“和谐”（图 2-8）。对比之前的广州市民、大学生调查会发现，公众更多关心的敬业、诚信、友善等个人层面价值观在这一传播渠道中的词频占比并不突出，这也反映出人民社论与人民论坛宣传策略上存在某种程度上的通俗化、大众化不足问题。幸而，这种不足，在近两年崛起的人民日报微信公众号上得到了极大的改善。

从这个案例来看，我们需要注意的是，在主流意识形态教育和传播过程中，传播渠道的内容聚焦和精准定位非常重要，传播内容、方式应该及时应对公众关注焦点，尽量减少错位。这需要融媒体平台技术的进步和对受众大数据的精准掌握，这样才能将意识形态教育工作浸润得贴近人心。

三、社会主义核心价值体系教育浸润方式有待丰富

从目前的学校调研来看，普遍存在的问题是，社会主义核心价值体系教育的浸润有待真正融入多样化的校园生活实际中，与不同类型学校的教

学实际情况相适应，与不同师生群体的实际情况相适应。这种浸润并非一日之功。从简单的宣传口号、标语进学校，到设计符合本校实际情况的教育工作方案，展开多样化的浸润教育实践，需要不同学校根据学生不同年龄阶段的不同特点，真正将立德树人的工作落到实处。如何在具体的教学实践中做到精准宣传的同时，以灵活多样的姿态真正走进师生的心灵，是一线教育工作者们有待践行与创新的领域。

2019 年 11 月，中共中央、国务院印发《新时代爱国主义教育实施纲要》（以下简称《纲要》）。爱国，是社会主义核心价值观个人层面的根本内容，也是凝聚中华儿女的重要文化精神黏合剂。《纲要》不仅为新时代爱国主义教育如何进行提供了指导性思路，也为社会主义核心价值观教育，为社会主义核心价值体系建设与教育传播方式提供了重要的方法论和实操指南。

在教育对象上，《纲要》强调新时代爱国主义教育要面向全体人民、聚焦青少年。在具体的方式方法上，不少关涉学校教育工作。包括以下几个方面。

强调充分发挥课堂教学的主渠道作用。《纲要》指出："将爱国主义精神贯穿于学校教育全过程，推动爱国主义教育进课堂、进教材、进头脑。在普通中小学、中职学校，将爱国主义教育内容融入语文、道德与法治、历史等学科教材编写和教育教学中，在普通高校将爱国主义教育与哲学社会科学相关专业课程有机结合，加大爱国主义教育内容的比重。创新爱国主义教育的形式，丰富和优化课程资源，支持和鼓励多种形式开发微课、微视频等教育资源和在线课程，开发体现爱国主义教育要求的音乐、美术、书法、舞蹈、戏剧作品等，进一步增强吸引力感染力。"

强调办好学校思想政治理论课。《纲要》指出："思想政治理论课是爱国主义教育的主阵地。要紧紧抓住青少年阶段的'拔节孕穗期'，理直气壮开好思想政治理论课，引导学生把爱国情、强国志、报国行自觉融入坚持和发展中国特色社会主义事业、建设社会主义现代化强国、实现中华民族伟大复兴的奋斗之中。按照政治强、情怀深、思维新、视野广、自律严、人格正的要求，加强思想政治理论课教师队伍建设，让有信仰的人讲信仰，让有爱国情怀的人讲爱国。推动思想政治理论课改革创新，发挥学生主体作用，采取互动式、启发式、交流式教学，增强思想性理论性和亲和力针对性，在教育灌输和潜移默化中，引导学生树立国家意识、增进爱国情感。”

强调组织推出爱国主义精品出版物。《纲要》指出：“针对不同年龄、不同成长阶段，坚持精品标准，加大创作力度，推出反映爱国主义内容的高质量儿童读物、教辅读物，让广大青少年自觉接受爱国主义熏陶。积极推荐爱国主义主题出版物，大力开展爱国主义教育读书活动。结合青少年兴趣点和接受习惯，大力开发并积极推介体现中华文化精髓、富有爱国主义气息的网络文学、动漫、有声读物、网络游戏、手机游戏、短视频等。”

强调广泛组织开展实践活动。《纲要》指出：“大中小学的党组织、共青团、少先队、学生会、学生社团等，要把爱国主义内容融入党日团日、主题班会、班队会以及各类主题教育活动之中。广泛开展文明校园创建，强化校训校歌校史的爱国主义教育功能，组织开展丰富多彩的校园文化活动。组织大中小学生参观纪念馆、展览馆、博物馆、烈士纪念设施，参加军事训练、冬令营夏令营、文化科技卫生‘三下乡’、学雷锋志愿服务、创新创业、公益活动等，更好地了解国情民情，强化责任担当。密切与城市社区、农村、企业、部队、社会机构等的联系，丰富拓展爱国主义教育校外实践领域。”

《纲要》也强调了丰富新时代爱国主义教育的实践载体，不少内容与学校的职能密切相关，极大地拓展了学校社会主义核心价值体系教育的实践载体思路。包括以下几个方面。

建好用好爱国主义教育基地和国防教育基地。《纲要》指出：“健全全国爱国主义教育示范基地动态管理机制，进一步完善落实免费开放政策和保障机制，根据实际情况，对爱国主义教育基地免费开放财政补助进行重新核定。依托军地资源，优化结构布局，提升质量水平，建设一批国防特色鲜明、功能设施配套、作用发挥明显的国防教育基地。”

强调注重运用仪式礼仪。《纲要》指出：“认真贯彻执行国旗法、国徽法、国歌法，学习宣传基本知识和国旗升挂、国徽使用、国歌奏唱礼仪。

在全社会广泛开展‘同升国旗、同唱国歌’活动，让人们充分表达爱国情感。各级广播电台、电视台每天定时在主频率、主频道播放国歌。国庆期间，各级党政机关、人民团体、大型企事业单位、全国城乡社区和爱国主义教育基地等，要组织升国旗仪式并悬挂国旗。鼓励居民家庭在家门前适当位置悬挂国旗。认真组织宪法宣誓仪式、入党入团入队仪式等，通过公开宣誓、重温誓词等形式，强化国家意识和集体观念。”

强调组织重大纪念活动。《纲要》指出：“充分挖掘重大纪念日、重大历史事件蕴含的爱国主义教育资源，组织开展系列庆祝或纪念活动和群众性主题教育。抓住国庆节这一重要时间节点，广泛开展‘我和我的祖国’系列主题活动，通过主题宣讲、大合唱、共和国故事汇、快闪、灯光秀、游园活动等形式，引导人们歌唱祖国、致敬祖国、祝福祖国，使国庆黄金周成为爱国活动周。充分运用‘七一’党的生日、‘八一’建军节等时间节点，广泛深入组织各种纪念活动，唱响共产党好、人民军队好的主旋律。在中国人民抗日战争胜利纪念日、烈士纪念日、南京大屠杀死难者国家公祭日期间，精心组织公祭、瞻仰纪念碑、祭扫烈士墓等，引导人们牢记历史、不忘过去，缅怀先烈、面向未来，激发爱国热情、凝聚奋进力量。”

强调发挥传统和现代节日的涵育功能。《纲要》指出：“大力实施中国传统节日振兴工程，深化‘我们的节日’主题活动，利用春节、元宵、清明、端午、七夕、中秋、重阳等重要传统节日，开展丰富多彩、积极健康、富有价值内涵的民俗文化活动，引导人们感悟中华文化、增进家国情怀。结合元旦、‘三八’国际妇女节、‘五一’国际劳动节、‘五四’青年节、‘六一’国际儿童节和中国农民丰收节等，开展各具特色的庆祝活动，激发人们的爱国主义和集体主义精神。”

强调依托自然人文景观和重大工程开展教育。《纲要》指出：“寓爱国主义教育于游览观光之中，通过宣传展示、体验感受等多种方式，引导人们领略壮美河山，投身美丽中国建设。系统梳理传统文化资源，加强考古发掘和整理研究，保护好文物古迹、传统村落、民族村寨、传统建筑、农业遗迹、灌溉工程遗产、工业遗迹，推动遗产资源合理利用，健全非物质文化遗产保护制度，推进国家文化公园建设。推动文化和旅游融合发展，提升旅游质量水平和文化内涵，深入挖掘旅游资源中蕴含的爱国主义内容，防止过度商业行为和破坏性开发。推动红色旅游内涵式发展，完善全国红色旅游经典景区体系，凸显教育功能，加强对讲解员、导游等从业人员的管理培训，加强对解说词、旅游项目等的规范，坚持正确的历史观和历史标准。依托国家重大建设工程、科学工程等，建设一批展现新时代风采的主题教育基地。”

《纲要》强调爱国主义教育要求真务实注重实效，这也是社会主义核心价值观教育实践承担者的责任所在。《纲要》所强调的“坚持目标导向、问题导向、效果导向，坚持虚功实做、久久为功，在深化、转化上下功夫，在具象化、细微处下功夫，更好地体现时代性、把握规律性、富于创造性。坚持从实际出发，务实节俭开展教育、组织活动，杜绝铺张浪费”等内容，对社会主义核心价值观教育也具备根本性的指导意义。在社会主义核心价值体系建设的实践方法和途径的丰富性方面，广东的许多学校走在了全国的前列。在实践探索中找到了自己落细、落小、落实的特色方法。随着社会主义核心价值体系建设的完善和深入，这些经验有待进一步成熟和完善，为全国学校的实践提供模式和范本借鉴。

第二节 学校社会主义核心价值体系建设的总体目标

价值观教育是人的教育的根本。知识性的教育考量的是学习者的学习能力，而价值观教育，则是真正塑造人性心灵的、润物细无声的教化。社会主义核心价值体系建设的根本目标是形成当下中国人凝神聚气的价值观认同，增强社会主义意识形态的凝聚力和吸引力。中国共产党十六届六中全会通过的《中共中央关于构建社会主义和谐社会若干重大问题的决定》中明确指出，马克思主义指导思想，中国特色社会主义共同理想，以爱国主义为核心的民族精神和以改革创新为核心的时代精神，社会主义荣辱观，构成社会主义核心价值体系的基本内容。“三个倡导”不仅有助于构建社会主义和谐社会，有助于全面小康社会的建成，也对中华民族伟大复兴的“中国梦”的实现发挥根本的精神支撑作用。中国共产党十九大报告在阐释新时代中国特色社会主义思想和基本方略时，明确指出，要“坚持社会主义核心价值体系。文化自信是一个国家、一个民族发展中更基本、更深沉、更持久的力量。必须坚持马克思主义，牢固树立共产主义远大理想和中国特色社会主义共同理想，培育和践行社会主义核心价值观，不断增强意识形态领域主导权和话语权，推动中华优秀传统文化创造性转化、创新性发展，继承革命文化，发展社会主义先进文化，不忘本来、吸收外来、面向未来，更好构筑中国精神、中国价值、中国力量，为人民提供精神指引”。而社会主义核心价值体系建设的目标落实到学校层面，集中体现在坚持党的领导，在新时代中国特色社会主义思想和基本方略指引下，培育和践行社会主义核心价值体系教育。

在基本方略的指引下，学校的社会主义核心价值体系建设实践首先需要把握和遵循的是社会主义核心价值体系方向的精准度。如同大海行舟，一艘船的平稳前进需要理想信念的压舱石。人民群众用心中那杆秤进行价值判断，同样离不开核心价值体系的定盘星。社会主义核心价值体系包括了马克思主义指导思想、中国特色社会主义共同理想、以爱国主义为核心的民族精神和以改革创新为核心的时代精神、社会主义荣辱观，四者缺一不可。社会主义核心价值观是社会主义核心价值体系的精神内核，它体现了社会主义核心价值体系的根本性质和基本特征，反映了社会主义核心价值体系的丰富内涵和实践要求，是社会主义核心价值体系的高度凝练和集中表达。社会主义核心价值观与社会主义核心价值体系具有内在的一致性，都体现了社会主义意识形态的本质要求，体现了社会主义制度在思想和精神层面的质的规定性，是建设中国特色社会主义现代化强国、实现中华民族伟大复兴中国梦的价值引领。

一、马克思主义指导思想是社会主义核心价值体系的灵魂

在社会主义核心价值体系建设中，马克思主义是社会主义建设的思想基础和行动指南。马克思主义为我们的中国特色社会主义事业提供了科学的世界观和方法论，是我们正确认识世界和改造世界的强大思想武器。在纪念马克思诞辰200周年大会上，习近平同志指出：“马克思主义犹如壮丽

的日出，照亮了人类探索历史规律和寻求自身解放的道路。”在讲话中，评价马克思主义时，习近平同志从四个方面总结了马克思主义理论对当下中国和世界的伟大意义，可以理解为马克思主义四个方面的本质特性。第一，马克思主义的科学性，“马克思主义是科学的理论，创造性地揭示了人类社会发展规律。马克思创建了唯物史观和剩余价值学说，揭示了人类社会发展的一般规律，揭示了资本主义运行的特殊规律，为人类指明了从必然王国向自由王国飞跃的途径，为人民指明了实现自由和解放的道路”。第二，马克思主义的人民性，“马克思主义是人民的理论，第一次创立了人民实现自身解放的思想体系。……马克思主义第一次站在人民的立场探求人类自由解放的道路，以科学的理论为最终建立一个没有压迫、没有剥削、人人平等、人人自由的理想社会指明了方向”。第三，马克思主义的实践性，“马克思主义是实践的理论，指引着人民改造世界的行动。……实践的观点、生活的观点是马克思主义认识论的基本观点，实践性是马克思主义理论区别于其他理论的显著特征。马克思主义不是书斋里的学问，而是为了改变人民历史命运而创立的，是在人民求解放的实践中形成的，也是在人民求解放的实践中丰富和发展的，为人民认识世界、改造世界提供了强大精神力量”。第四，马克思主义的开放性，“马克思主义是不断发展的开放的理论，始终站在时代前沿。马克思一再告诫人们，马克思主义理论不是教条，而是行动指南，必须随着实践的变化而发展。一部马克思主义发展史就是马克思、恩格斯以及他们的后继者们不断根据时代、实践、认识发展而发展的历史，是不断吸收人类历史上一切优秀思想文化成果丰富自己的历史”。

马克思主义传播到中国之后，经历了中国化的丰富与发展过程，吸收了一代代社会主义革命与建设前辈们的实践智慧结晶。这使马克思主义理论在中国并非教条，而成为不断创新发展的思想体系与实践精神。当代中国马克思主义、21 世纪马克思主义新境界的理论创新也在不断生成中。

二、中国特色社会主义的共同理想是社会主义核心价值体系的主题和发展方向

人民有信仰，国家有希望。理想信念是我们精神上的钙。共产主义远

大理想与中国特色社会主义共同理想之间是有机统一的。中国特色社会主义是全面发展、全面进步的社会主义。坚持和发展中国特色社会主义是我们的价值遵循。坚定中国特色社会主义共同理想，就是要坚定对中国共产党的信任，坚信中国共产党能依靠自我和人民力量解决问题，能团结带领全国人民全面建成小康社会，实现社会主义现代化，坚定实现中华民族伟大复兴中国梦的信心。

在学校教育实践中坚定中国特色社会主义共同理想，就是要在教育浸润中，坚定师生群体自身对中国特色社会主义的道路自信、理论自信、制度自信和文化自信。青年的价值观需要坚定对中国共产党的信任，坚信中国特色社会主义道路的正确性，坚信中国特色社会主义理论体系的科学性，坚信中国特色社会主义制度的优越性，坚信中国特色社会主义文化的先进性。

三、以爱国主义为核心的民族精神和以改革创新为核心的时代精神是社会主义核心价值体系的精髓

爱国主义是人们在社会实践中形成的对自己祖国的忠诚与热爱之情，是中华民族的伟大光荣传统。这一伟大民族精神为中国发展和人类文明进步提供了强大精神动力。在几千年历史长河中，中国人民所呈现出的创造、奋斗、团结、梦想精神，创造出中华民族的灿烂文明，也谱写了一部中华儿女的光荣爱国史。以改革创新为核心的时代精神，引领时代进步的方向和潮流，积极影响和推动社会发展。改革精神破除社会发展障碍，激发社会发展活力。创新精神为国家兴旺发达提供动力，构成民族进步的精神内核。革故鼎新是深植在中华民族文化精气神中的典型气质之一。改革开放以来的伟大成就，依靠的正是突破窠臼陈规的改革创新精神，从错误的、教条的观念束缚中获得思想上的解放。以爱国主义为核心的民族精神和以改革创新为核心的时代精神，是辩证统一的，共同构成了我们当代的中国精神。

在学校教育的实践中弘扬以爱国主义为核心的民族精神和以改革创新为核心的时代精神，在于教育和鼓励师生将中国精神转化为行动，做中国

精神的承载者和先锋。为国家富强、民族振兴，为人民幸福贡献自己的智慧和力量。爱国主义是历史的、具体的。坚持爱国主义和社会主义相统一，维护祖国统一和民族团结、尊重和传承中华民族历史和文化，坚持立足民族又面向世界，是新时代爱国主义的基本要求。学校是培养未来人才的摇篮，塑造条件，使青少年成长为未来改革创新的生力军，增强改革创新的自觉意识，增强学生改革创新的能力本领，夯实创新的知识基础、从小培养创新思维能力，为青年学生投身创新实践创造条件，都是学校核心价值体系建设中需要着力的方向和目标。在学校育人的过程中，需要将这些民族精神和时代精神融汇在日常教学实践活动中，日积月累地塑造时代新人。

第三节 学校社会主义核心价值体系建设的主要内容

社会主义核心价值体系建设的学校实践，在培育和践行社会主义核心价值体系的总体目标下展开。在总体目标的定向指引下，在实践目标上，则要做到落细、落小、落实，践行“立德树人”“以文化人”的德育基础教育工作本色。其承载内容与学校的教学育人职能定位紧密贴合，真实充盈体现落细、落小、落实的践行方向。在新时代构建全员育人、全过程育人、全方位育人的思想政治教育大格局下，社会主义核心价值体系建设是“立德树人”思想政治教育大格局下的育人创新实践探索过程。

2015 年 1 月，时任北京外国语大学党委书记的韩震同志，在“高校培育践行社会主义核心价值观长效机制建设专题研讨会”上做了主题为“改进方式方法创新话语体系”的发言，对学校如何培育和践行社会主义核心价值观提出了自己的建议。他在讲话中指出：“培育和践行社会主义核心价值观，必须有适当的方法、话语和途径。大学要创造性地培育和践行社会主义核心价值观。”

如何创造性地培育和践行社会主义核心价值体系，增加教育内容的丰厚和丰满度？韩震在发言中指出了五个方面可用力之处：“第一，要把培育和践行社会主义核心价值观融入高等教育全过程和各个方面。把社会主义核心价值观全方位地纳入高等教育总体规划，贯穿于高等教育的教学、科研、社会服务和高校管理各环节，覆盖到学校的全体师生员工。培育和践行社会主义核心价值观不仅是辅导员、班主任的事情，而是所有教职员工的职责。第二，要把培育和践行社会主义核心价值观落实到学校的办学理念和治理过程中。要用制度的权威来增强培育和践行社会主义核心价值观的自觉性。具体到学校，需要靠学校创造性地制定学校政策、校纪校规等，利用学校优良办学传统、校训和其他资源，让社会主义核心价值观无处不在。第三，要完善大学社会主义核心价值观教育的话语体系。加强社会主义核心价值观教育不能总是重复概念，而是学会叙事或学会讲故事。价值观概念就像盐，它可以增加各种食物的味道，但不能总是让人直接吃盐。宣传社会主义核心价值观不能只关注传统媒体和渠道，当今青年学生是网络空间的"原住民"。因此，如何以适合网络流通的语言占领网络和新媒体，就应该成为我们必须考虑的工作。第四，要开展丰富多彩的涵养社会主义核心价值观的实践活动。例如，开展群众性的评选表彰先进模范活动，让人习惯于在现实中学会见贤思齐。开展学习宣传先进典型活动，尤其注意把学习模范与学习身边好人好事结合起来。要注重发掘开学典礼、毕业典礼等仪式的教育功能。第五，共产党员、领导干部和学术精英要在培育和践行社会主义核心价值观的过程中起模范带头作用。高校的各级领导干部更应该率先垂范，形成上行下效的正能量。学校的著名学者、学科带头人、骨干教师，有很大的价值示范作用，也要肩负起更大的社会教育责任，在引导学校和社会风气方面发挥积极功能。大学有责任用中国的话语表达社会主义核心价值观，用中国化的马克思主义理论阐释社会主义核心价值观，用中国特色社会主义教育的创新实践践行社会主义核心价值观。"①

同样在这个研讨会上，北京市委教育工委常务副书记张雪指出，北京市坚持首善标准，以有机融入、全面覆盖为基本思路，注重教育引导、文化熏陶和实践养成相结合，大力推动高校培育和践行社会主义核心价值观。她介绍了北京学校实践的"四个融入"经验："一是融入舆论传播，在增强认知上下功夫。实施'思想引领工程'，以校院两级中心组、党团支部及班

① 韩震．改进方式方法　创新话语体系［N］．中国教育报，2015－01－22．

级为依托，以专家讲座、集中研讨、主题班会为有效方式，广泛开展学习教育活动。在市委教育工委宣教工作网站‘宣教之窗’开设‘社会主义核心价值观’专题栏目，北京邮电大学、中国青年政治学院等高校纷纷开设网络教育平台，主动占领校园新媒体阵地。二是融入课堂教学，在入脑入心上下功夫。依托各课程研究会，积极开展社会主义核心价值观教学研究，征集经典教学案例，组织编写教学指导手册，将社会主义核心价值观有机融入各课程之中。依托北大、清华、人大三校开展骨干教师研修，实施市属高校优秀中青年骨干教师择优资助计划，支持建设‘名师工作室’，不断提高队伍素质。三是融入实践育人，在知行合一上下功夫。实施‘高校实践育人共同体建设计划’，依托农村、社区、企业建设170个青年教师社会实践基地，建立一批学生实习、实践、实验基地，引导广大师生积极践行社会主义核心价值观。深入实施高校铸魂工程，每年组织1 500名教师到革命老区和改革开放前沿地区学习考察；组织300多名青年教师、辅导员、博士生、博士后到北京市挂职锻炼；组织800多个学生党支部开展红色‘1 + 1’党支部共建活动，在实践中坚定师生理想信念。四是融入学校文化，在增强实效上下功夫。实施‘新生引航工程’，举办‘青春与价值的对话’系列活动，评选社会主义核心价值观宣传教育优秀项目和优秀案例，通过丰富多彩的校园文化活动，达到以文化人、以文育人的目的。举办北京高校师生弘扬社会主义核心价值观文艺会演，以歌曲、舞蹈、朗诵、小品等多种艺术形式，展现民族文化自信和价值观自信。”① 北京的经验做法，为全国学校的实践提供了方向指引和参考。

通观近年社会主义核心价值体系建设在全国学校的实践，围绕总体目标，内容上主要体现以下四个方面的系统完善。

一、社会主义核心价值体系的思想引领建设

进入21世纪以来，从社会文化环境上看，当代中国社会思潮的生发环境变得更为复杂。经济层面，社会主义市场经济阶段，公有制为主体，多

① 张雪. 有机融入 全面覆盖［N］. 中国教育报，2015－01－22.

种所有制经济共同发展，按劳分配为主体，多种分配方式并存，彰显当下经济主体的多元化。这导致了不同阶层人群不同利益诉求的产生，国人价值观念也越发呈现多元化。社会层面，当代中国正在经历着深刻的社会转型，对外开放程度加大，国内收入差距拉大、贪污腐败现象严重，城市化转型过程中面临各种阵痛。文化层面，全球化进程中，国外各类文化产品、思想观念不断涌入中国。虽然和平与发展成为时代主题，但“中国威胁论”的论调也不绝于耳。信息技术的发展，让网络成为大众文化传播的舞台。各种非主流人生观、价值观在网络世界里传播，衍生出多种社会思潮。这类社会思潮，同样也进入校园，尤其对大学生群体的思想造成影响。在进行小范围的抽样研究调查时发现，大学生群体对各种社会思潮的认知是模糊的，由于思维认识的不成熟性，对各种思潮理论一知半解，对价值观判断存在偏差的风险。高校思想政治教育工作者在青年学生的理性思辨能力培养和价值观引领上责无旁贷且任重道远。面对纷繁复杂的社会思潮现象，价值观教育需要注意三方面的问题。

一是尊重文化差异，充分发挥社会思潮的正能量。文化价值观的自信是文化自信的重要表征。在全球化影响下，尊重文化的多元发展，更多带来的是对人类命运共同体价值观的体认。人类社会思潮中有些积极、革新的部分，其正向的价值观念有益于我们自身的发展，则应该加以正视、吸收，促进其进一步升华和发展。

二是碰撞对话，推进社会主义核心价值与时俱进。对社会主义核心价值观的培育和践行，需要我们不断理性思考，不可逃避，需要与其他价值观体系进行碰撞和对话，最终找到适合中国国情发展、能指导中国社会实践与时俱进的方向。

三是坚决反击，有效遏制错误社会思潮泛滥发展。对于社会思潮中谬误与危险的部分，我们应该在其进入实践层面之前，在舆论宣传上，在学校层面的思想教育工作上坚决予以正面反击和回应，揭开其思维中的错误本质，遏制其在大众中泛滥发展，为师生思想世界的成长开辟清朗的环境空间。

有几类社会思潮在学校培育和践行社会主义核心价值体系的内容宣教

实践中要特别加以注意。

1. 新自由主义思潮

2014年，研究者何秉孟撰文批判新自由主义思潮的危害。他引用“人民论坛网”调查、网络文献资料收集与统计、网络调查等阶段的统计测算指出：“2013年在我国思想理论界最为活跃、对社会主义核心价值观冲击最大的几种资产阶级思潮是：新自由主义、历史虚无主义、普世价值论、宪政思潮等资产阶级思潮和新左派等思潮；在这些思潮中，活跃程度、影响力、关注度综合得分最高的是新自由主义思潮，其影响力列所有这几种思潮之首。”①

何谓新自由主义？对其定义本身学者们并无统一认识。较为一致的观点认为，这一思潮是20世纪30年代以后逐渐发展起来的西方经济学说，而其基本观点是主张贸易经济自由化、市场定价、消除通货膨胀、实现私有化。中国社会科学院“新自由主义研究”课题组对新自由主义研究定性认为，其在继承古典自由主义经济理论的基础上，反对凯恩斯主义，适应国家垄断资本主义向国际垄断资本主义转变。②

朱汉国带领的课题组研究认为，新自由主义在发展过程中各种观点理论庞杂，却一脉相承主张坚持资本主义私有制，反对一切形式的公有制，将私有制视为人类社会存在的基础。崇尚市场经济体制的自由放任，反对国家干预经济活动。坚信资本主义，反对社会主义。宣扬有限政府，反对国家福利制度。从短期上看，新自由主义部分解决了资本主义的经济危机。但是到了20世纪80年代，新自由主义开始由理论、学术而政治化、国家意识形态化、范式化，并开始向全球蔓延。

实践证明，它给东欧、拉丁美洲经济带来的更多是噩梦。在中国，新自由主义思潮主要通过出版物、大学课堂、各种论坛与学术研讨会在知识分子和青年学生中传播。但无论是从学术理论研究角度，还是从意识形态

---

① 何秉孟. 新自由主义：通向灾难之路——兼论新自由主义与自由主义的渊源和区别［J］. 马克思主义研究，2014（11）：136.

② 中国社会科学院“新自由主义研究”课题组. 新自由主义及其本质//新自由主义评析［C］. 北京：社会科学文献出版社，2004：3－32.

化的角度，真正深入的研究都很有限。

2. 普世价值思潮

国内普世伦理研究热潮的兴起在20世纪90年代。2010年前后，普世伦理研究中的普世价值问题又重新成为研究热点。冷战结束后的多元文化冲突，使得不少研究者开始寻求各种文化、政治、民族、宗教之间共通之处的可能。王晓宏对普世价值思潮的研究，不仅指出了这一思潮的兴起背景，也指出了这一思潮兴起当中两派代表性观点的学者亨廷顿和孔汉思。在他看来，亨廷顿的“文明冲突说”“强调冲突的多样化以及各民族国家之间的差异性，而且，他把中国所代表的儒教文明视为对西方文明的一种威胁”①。德国神学家孔汉思则“试图在世界的多元冲突中寻求某种普遍的、可供冲突各方共同遵循的东西”②。1993年，美国神学家思威德勒起草《全球伦理普世宣言》，提出在诸多宗教和伦理传统中得到肯定的“金规则”——“你不愿意别人怎样对待你，你就不该怎样对待别人”。在这之后，普世伦理的讨论开始传播开来。“由联合国教科文组织出面，1997年在巴黎和那不勒斯两次召开关于全球伦理的国际会议；1998年在北京召开‘普遍伦理：中国伦理传统的视角’的研讨会；1999年又在汉城召开了亚洲地区的‘普遍伦理与亚洲价值’的国际研讨会。与此同时，‘普遍伦理’也成为国内学者研讨的热点。”③ 而到了2010年前后，学理层面的普遍伦理讨论，已经发展到实践层面普世价值的讨论。

针对国外的普遍伦理讨论，不少国内学者撰文，认为不存在所谓的普世价值。倪梁康不认同“金规则”的基础性。④ 李崇富认为在阶级社会，不存在所谓超阶级的价值观。⑤ 冯虞章、赵汀阳等学者也持类似的观点。也有一些学者认为这一讨论应从哲学上限定概念适用的范围。翟振明主张，普遍伦理不是从道德主张的可普遍化的意义上说的，而是从道德原则的普遍

---

①②③ 王晓宏. 关于普世价值的研究：问题与争鸣［J］. 毛泽东邓小平理论研究，2009（2）：78.

④ 倪梁康. “全球伦理”的基础：儒家文化传统问题与“金规则”［J］. 江苏社会科学，2002（1）.

⑤ 李崇富. 关于“普世价值”的几点看法［J］. 马克思主义研究，2008（9）：19－22.

有效、可以被理性地辨明的意义上说的。[1] 在对思潮争论现象进行分析时，有不少学者指出了争论中的一些混淆。侯惠勤指出，作为意识形态传播的“普世价值论”，“混淆了认识论价值与价值论价值；混淆了政治价值与人性价值；混淆了理想价值与空想价值；混淆了马克思不同语境中的话语价值”[2]。

3. 民主社会主义思潮

民主社会主义是欧洲社会民主党的意识形态，被研究者们认为属于资产阶级改良主义的理论体系。朱汉国等人梳理前人定义，认为民主社会主义是“在欧洲工人运动中的改良主义理论和实践基础上发展演变而成的非马克思主义的改良主义思潮，是当代各国社会党（社会民主党、工党）及其国际组织——社会党国际的思想体系、纲领政策和意识形态的总称，是当代世界最有影响的主要政治思潮之一”[3]。从20世纪40年代的萌芽，到当代在欧洲的政治实践，民主社会主义思潮经历了复杂的发展和演变过程，形成了庞杂的体系，也经历了逐渐彻底去马克思主义的过程。在基本主张上，主张世界观中立、信仰自由和指导思想多元化；否认社会主义的历史必然性；在实现社会主义的道路上，主张走民主、和平的议会道路，建立不同于资本主义社会也不同于共产主义社会的“第三条道路”；否认政党的阶级性，认为社会主义事业不仅是工人阶级事业，而且是全人类的事业。

国内的研究者们认为，民主社会主义思潮成为苏联和东欧和平演变的关键因素之一。该思潮进入中国后，尤其在2000年以后，成为不少知识分子讨论的热点。2007年，谢韬的文章引起了大范围的讨论，使这一思潮在中国反复泛起。

4. 文化保守主义思潮

20世纪90年代以来，文化保守主义成为文化思想界一个引人注目的思潮和文化流派。各种国学热、读经热引发公众反思，传统文化能指引我们

---

① 翟振明，冯平. 为何全球伦理不是普遍伦理［J］. 世界哲学，2003（3）：106－110.

② 侯惠勤. “普世价值”的理论误区和实践危害（下）［N］. 中国社会科学院报，2008－11－13（4）.

③ 朱汉国，等. 当代中国社会思潮研究［M］. 北京：北京师范大学出版社，2012：112.

从现代化的迷失中回归我们的精神家园吗？文化保守主义支持者选择从传统文化中寻找家园，还进一步提出以儒学革新政治。

新儒家成为文化保守主义思潮中影响最大的流派。在保护民族传统文化，抵御全盘西化上，文化保守主义尤其起积极作用。然而，中华文化需要在扬弃中加以继承。文化保守主义者中的少数极端观点者，支持“儒化中国”，将儒家思想发展为一种“公民宗教”，以解决政治重建及身心安顿的问题。这仍然需要我们加以批判和扬弃。

5. 民族主义思潮

民族主义（nationalism）既是意识形态也是社会实践活动。近代以来，中国的每一场大变革中，都有民族主义的身影，然而早期国内学者对民族主义的学术研究却并未深入。国外学者中，卡尔顿·海耶斯、吉尔·德拉努瓦、约翰·布勒伊等对民族主义有较为深入的研究。他们对民族主义给出了不同层面的定义：或将其视为一种历史进程，或视为一种理论，或视其为特定政治党派的政治行动，或指民族成员对民族国家的忠诚情感。也有学者将其归类为形成民族的过程，归属意识，对本民族安全和繁荣的关注和期待，体现民族和民族意志的文化意识形态，或者为达到民族目标的社会运动等。到20世纪90年代，国内学者李宏图、马瑞映、郑师渠等对民族主义都有论述和定义。概括来说，较为一致的，是将民族主义视为基于共同历史文化传统的心理认同和情感归属，或将这种认同感上升为一种思想理论学说，作为实现民族利益的政治纲领，指导社会实践活动等。

中国近代以来的民族主义促进了中华民族的觉醒，维护了中国的国家独立。新中国成立以后，这种民族主义又表现为社会主义的强国梦。在进入新千年前后，中国驻南斯拉夫大使馆被炸事件、端午申遗事件、外资收购民族企业系列事件等再次将民族主义思潮推向复兴。朱汉国的课题组对此分析认为，近年的民族主义思潮体现出新的特点：以爱国主义为主流和显流；表现出自发性民族主义及其应激性特点；包罗宏富、鱼龙混杂；借助网络而兴起并传播。①

① 朱汉国，等. 当代中国社会思潮研究［M］. 北京：北京师范大学出版社，2012：235.

当前的民族主义思潮，在传播方式上的网络化，成为一大时代特点。这使得事件传播扩散的速度快、范围广，但同时也带有更强的舆论情绪化、信息碎片化的问题。而当前的民族主义诉求，跟对全球化的批判性反思密切相关，更多体现的是国家间对生存空间、资源占有分配的多寡之争。另外，中国的民族主义思潮复兴，也带有强烈的传统文化复兴色彩，儒家文化等传统文化成为诉求中的文化旗帜。

在正确理解当前的民族主义思潮时，我们同样需要注意的是用社会主义核心价值观对其加以衡量。甄别通过网络等新媒体传播途径在国民中扩散的极端民族主义、狭隘民族主义情绪，警惕一些分裂言论。

6. *历史虚无主义思潮*

历史虚无主义思潮的缘起可追溯至20世纪二三十年代。当时新文化运动中与马克思主义逐渐分野的全盘西化论持有者，成为历史虚无主义的肇始者。20世纪80年代末到90年代初的东欧剧变，给意识形态领域里的反马克思主义思潮泛滥提供了推波助澜的机会，也造成了社会主义信念的震荡危机。20世纪90年代以来，史学领域出现“告别革命论”思想。文艺界也出现对红色经典作品进行适应大众流行消费口味改编的热潮，将英雄人物偶像化、庸俗化，甚至各类无厘头的恶搞，对历史人物进行翻案式的“重新评价”。消费主义从消费物质发展到消费文化，从消费文化发展到消费历史，逐渐抹杀历史的本真性、庄严性、严肃性。

面对历史虚无主义思潮，需要坚持唯物史观，需要认识到马克思主义是中国人民的历史性选择，需要认清社会主义道路是中国走向繁荣富强的唯一道路。

在当代中国，多样化社会思潮形成和传播有其内在原因。概括来看，经济大环境影响社会思潮的形成。经济基础制约社会意识形态发展。当前我们所实行的社会主义市场经济既有社会主义的特征，也反映市场经济的共性。我们实行的以公有制为主体、多种所有制经济共同发展的基本经济制度，以及以按劳分配为主体，多种分配方式并存的分配制度，使当前经济主体呈现多元化，人的价值观念体系多样化。反映不同阶层利益和诉求的多样社会思潮也应运而生。一方面，这样的经济环境能激发个人的积极性、创造性，激励正向的劳动创造美好生活的勤劳、务实价值观；另一方面，也确实引发了某些“拜金主义”思潮的滋生。嫌贫爱富、炫富、一切向“钱”看，这无疑偏离了社会主义核心价值观。极端的功利主义破坏了我们的道德底线和操守。

复杂的全球化环境影响社会思潮的传播。随着对外开放程度的加深，全球化进程的加快，各种新的媒介手段加入到信息传播的手段当中来，当代的各类社会思潮越来越快速、频繁地呈现出外来思潮的影响。各种外来文化产品、思想观念通过各种途径传播到中国，在各阶层产生影响。相遇带来对彼此的恐惧和再认识。在中国内部，民族主义、文化保守主义、历史虚无主义等，无不在面对外来文化影响下兴起，而“中国威胁论”则在西方社会泛起。复杂的经济利益共同体关系，复杂的国际关系局势，使我们不能靠闭关锁国来发展。“一带一路”视野下的国际合作，将更多考验我们应变不同国家文化价值观的能力。我们更为自信的社会主义文化价值观体系，更为理性、平和、更为开放的态度，是抵御各类思潮侵蚀、进行扬弃与为我所用的前提。

社会转型期的中国，存在贫富差距扩大、阶层分化，城乡发展差异、东西部地区发展差异，公共服务均等化不足等问题。一些贪污腐败现象，一些丧失公平、公正的社会现象，令人民群众的信心蒙上阴影，信仰缺失，诚信失落，这给各种错误思潮在中国的传播带来了机会。错误的思潮破坏人民之间的团结，民族团结融合发展的大好局面也会因此受到影响。社会主义初级阶段，仍会存在人民日益增长的美好生活需要和不平衡不充分的发展之间的矛盾，转型期的矛盾是暂时的，但是面对转型期的焦虑、抑郁、思想迷茫，亟须以社会主义核心价值观加以引领，以恢复积极、明朗的社会心态氛围。

信息技术的变革，手机和互联网的应用，改变了信息传播的方式。靠捂起耳朵来对抗外界各种杂音，已经成为非常笨拙的方法，我们应积极利用当今的传播媒介条件，与这些外来意识形态挑战进行宣传攻势上的对抗。

当下，网络给迎合各种社会心理的社会思潮以快速传播的手段和平台。在快速刷屏、快速消费的时代，“语不惊人死不休”取代深思熟虑，娱乐取代理想信念，碎片化和情绪化的传播消解了传统媒体的公信力。信息来源的隐晦不明，价值观念的混乱，让受众思想上莫衷一是，成为各种言论大V麾下盲目吃瓜的群众粉丝。在网络空间的点赞、打赏行为下，个人走向自我的任性膨胀和功利主义。未来，网络也会是我们应战各类社会思潮的主要阵地之一。

一方面，多样化的社会思潮现象，因其开放和博采众长，体现出思想领域的活力和自由；另一方面，那些挑战社会主义核心价值观的思想暗流，则成为社会思潮中的危险信号，给文化环境中增添不安全的因素，威胁着主流意识形态的安全。在当下中国，威胁文化安全的行为是对马克思主义指导地位的怀疑和挑战。马克思主义、中国特色社会主义道路是近代以来中国革命历史的必然选择。社会主义核心价值体系是体现中国人民文化传统与信念理想的核心价值体系，加强思想理论建设，捍卫国家意识形态安全，必须坚持社会主义核心价值体系内容的精准浸润。

新自由主义、普世价值、历史虚无主义等思潮给中国传统价值和民族精神带来冲击，实际上是西方意识形态取代本民族的价值观念体系，是对我们自身文化认同的消解。对核心价值体系的消解只会加剧我们自身社会价值取向的混乱，使得国民的价值观变得更加无根和模糊。教育界在推动社会改革和思想教育工作时面临各种危险。夹杂各种杂质的社会思潮现象，如果不加以抽丝剥茧的解析和扬弃，将对青少年的思想成熟和成才不利。

二、社会主义核心价值体系的机制完善建设

社会主义核心价值体系建设的机制具体到学校教育工作的实践上，应该包括哪些方面？从根本上，是将社会主义核心价值体系浸润到机制运行的每个要素环节，用社会主义核心价值体系的核心思想润滑融汇教育者、教育对象、教育方法和教育环境等要素间的关系。

对每个修养个体而言，价值观形成的过程是知行合一的实践过程。同时，个体不是孤立的个体，机制的完善需要社会整体的参与。正如马克思所言，人的本质是一切社会关系的总和。人不是抽象的存在，归根结底是社会意义上的人。文化价值观和价值评价的践行，处理的是现实的人与人

之间关系，达成的是公民的道德共识。道德共识的被认同与遵从，是社会意识形态共识的产物。社会主义核心价值体系只有取得全社会的认可，并被社会成员所共同遵循，才能真正实现其价值。脱离了群体认同与实践，核心价值体系建设便成为一句空话。社会主义核心价值体系作为社会整体的文化价值观黏合剂，是公民价值评价标准的最大公约数，力图使不同的社会群体、民族，取得思想上、情感上的认同感。这种文化价值观上的凝聚和认同，在当今社会越来越成为国家文化软实力的体现。美国、英国、日本、新加坡等国家早已经致力于打造文化核心价值体系的国民认同，并向外传播自己国家的价值观理念。公民意识形态教育已经成为现代国家治理体系的有机组成部分。理想状态下，参与教育实践的不同角色，需要形成认识上的价值共识；去践行这一理想目标，需要系统完善不同主体角色的参与机制，使实践整体性机制良性运转；去完善机制体系功能，综合体现在服务、管理、组织、协同等层面。体系建设涉及的参与主体，包括教育管理部门，各级学校中的管理者、教师群体、学生群体，同样也包括家庭、社会的参与与协同。

有学者认为，应当从教育内化机制和实践外化机制两个方面着力加强价值体系机制建设。一方面，强调培育共同认知，改变传统灌输的教育内化机制，更“接地气”地寻找具象化的操作路径；另一方面，建立注重个体体验，实现价值共感的实践外化机制。在笔者看来，道德教育与价值观浸润的根本是突破个体的狭隘樊篱，最终促使国民正确认识自我与他人、个人与社会的关系，与时俱进，理解、认同并践行人类社会进步有益的道德规范。在社会主义核心价值体系建设机制上，应当把握不同阶段教育对象的心理特点和规律。针对学校的本职工作，做好思想政治课的根本。各级各类学校的思想政治理论课是社会主义核心价值观最重要的教育阵地，也是社会主义核心价值体系学校建设运行机制的重要组成部分。针对不同阶段的教育对象主体性特点，将社会主义核心价值体系思想融入各级学校思想政治课程的全过程。在思想内容上，紧紧围绕马克思主义基本原理，尤其是马克思主义中国化理论成果，精准诠释社会主义核心价值体系的核心思想。在教育方法上，寻求创新，及时帮助学生正确认识当下的时代变革，把握教育对象的思想问题与诉求，解决儿童、青少年在成长过程中的根本性思想烦恼与人生困惑，从而端正世界观、人生观。

除了思想政治课的主阵地，当前，课程思政的要求，也促使在教育运行机制中社会主义核心价值体系浸润与学生的专业课程、社会实践相结合。理论、课程与素质教育间的转化，考量了教育实践者的思想一体性与多样化方法运用能力。在运行机制中，教育者、教育对象、教育方法和教育环境这四大要素，容易忽视的是教育者自身的发展和思想进步问题。另外，教育环境的复杂化问题也是当下教育界普遍面对的问题，复杂多变的社会环境始终侵扰着校园“象牙塔”的宁静。互联网时代，网络信息碎片化、随意性、无序性，给系统获取知识的传统教育模式带来不少挑战。在思想政治教育工作中，尤其需要花精力教会学生学习甄别和拣选信息，警惕舆情的煽动与利用，警惕偏好造成的封闭与偏见，警惕“泛娱乐化”的侵蚀，警惕隐私侵犯与网络暴力。现代教育，越来越多需要教育者直面校园氛围与社会环境的衔接问题。帮助学生更理智、成熟地走向社会化，致力于社会发展和进步，而非脱离社会，甚至与社会为敌。

三、社会主义核心价值体系的实践载体建设

在社会主义核心价值体系建设的实践载体方面，课程设置、科研工作、社会实践、校园文化建设、网络教育阵地建设等都是教育者进行社会主义核心价值体系教育的丰富实践载体。而教育管理部门管理、服务、组织设计，也完备了实践载体的顶层设计，是实践体系的有机组成部分，有利于优化体系建设的统筹和运行。在这些方面，广东的学校实践有许多可圈可点的成绩和经验。从广东省教育厅获得的调研资料来看，广东的各级各类学校近年在将社会主义核心价值体系建设融入课程育人、科研育人、实践育人、文化育人、网络育人、心理育人、管理育人、服务育人、资助育人、组织育人、协同育人等过程中都有所积累。根据广东省教育厅提供的资料，我们可以看到不少基于广东教育实践的总结：在课程设置方面，广东坚持把立德树人融入课堂教学建设各环节，深化课堂教学改革，优化课程设置，加强教材建设，强化教学管理，推动教学质量、育人质量“双提升”。坚持

建好高校思想政治理论课和中小学德育课，增强学生学习思想政治理论课和德育课的获得感。坚持把专业教育、学科教学与德育和思想政治教育相结合，使各类课程与思想政治理论课和德育课同向同行，形成协同效应。在寓教于研方面，广东教育科研特别是高校科研工作在主动对接国家和广东省经济转型升级、产业结构调整现实需求，大力提升科技创新能力、产出一批有影响力科技成果的同时，积极主动挖掘科研的育人功能，科教结合，产学结合，寓教于研，提升科研对教学改革和人才培养的促进作用，引导学生树立正确的政治方向、价值取向、学术导向，培养师生至诚报国的理想追求、敢为人先的科学精神、开拓创新的进取意识和严谨求实的科研作风。在与社会实践相结合的方面，广东坚持理论教育与实践养成相结合，围绕实践育人目标，整合各类实践资源，强化项目管理，丰富实践内容，创新实践形式，拓展实践平台，完善支持机制，推动专业课实践教学、社会实践活动、创新创业教育、志愿服务、军事训练等载体有机融合，教育引导师生在亲身参与中增强实践能力、树立家国情怀。在运用文化载体方面，广东注重以文化人以文育人，在各级各类学校深入开展中华优秀传统文化、革命文化、社会主义先进文化教育，牢牢掌握高校意识形态工作领导权；践行和弘扬社会主义核心价值观，优化校风学风，繁荣校园文化，培育大学精神，建设优美环境，滋养师生心灵、涵育师生品行、引领社会风尚。在运用网络媒介载体手段方面，广东积极适应信息化社会发展形势，深刻把握当代大学生“无人不网”“无时不网”“无处不网”的特点，推动思想政治工作传统优势同信息技术高度融合，创新网络思想政治教育和网络德育，传播主旋律、弘扬正能量，守护好网络精神家园，把网络教育主动权和网络教育阵地紧紧抓牢在手中。

广东坚持育心与育德相结合，注重人文关怀和心理疏导，坚持以促进学生健康成长为目标，以课程教学和活动体系建设为核心，以教师队伍建设为关键，以解决学生实际问题为重点，以强化组织领导和督导评估为保障，深入构建教育教学、实践活动、咨询服务、预防干预、平台保障“五位一体”的心理健康教育工作格局，着力培育师生理性平和、积极向上的健康心态，促进师生心理健康素质与思想道德素质、科学文化素质协调发展。广东坚持把规范管理的严格要求和春风化雨、润物无声的教育方式结合起来，加强教育立法和学校章程建设，完善和健全校规校约和学生自律公约，全面推进依法治教，促进教育治理能力和治理体系现代化，强化科学管理对道德涵育的保障功能，大力营造治理有方、管理到位、风清气正的育人环境。广东各级各类学校坚持把解决实际问题与解决思想问题结合起来，围绕师生、关照师生、服务师生，把握师生成长发展需要，提供靶向服务，积极帮助解决师生工作学习中的合理诉求，在关心人、帮助人、服务人中教育人、引导人。广东在开展学生资助工作过程中，坚持把“扶困”与“扶智”、“扶困”与“扶志”结合起来，建立国家资助、学校奖助、社会捐助、学生自助“四位一体”的发展型自助体系，构建物质帮助、道德浸润、能力拓展、精神激励有效融合的长效机制，形成“物质解困—立德树人—圆梦成才—回馈社会”的良性循环，让受助学子共同享有人生出彩、追梦圆梦的机会，培养形成自立自强、诚实守信、知恩感恩、勇于担当的良好品质。广东坚定落实新时代党的建设总要求，把党的政治建设摆在首位，全面落实党建主体责任，把组织建设与教育引领结合起来，强化学校党组织的育人职责，发挥高校党委领导核心作用、院（系）党组织政治核心作用和基层党支部战斗堡垒作用，发挥工会、共青团、学生会、学生社团等组织的联系服务、团结凝聚师生的桥梁纽带作用，把思想政治教育贯穿各项工作和活动，促进师生全面发展。广东积极推进学校、家庭、社会合力联动，强化学校、家庭、社会的互联互动互助，推动构建共享德育资源有效机制；创新少数民族教育管理服务，加强民族团结教育，促进各民族学生像石榴籽一样紧紧抱在一起。

这些不同环节的实践载体设计，构成了机制建设的有机整体，使得广东学校的社会主义核心价值体系建设有了更多鲜活、接地气的实践经验和智慧结晶。

四、社会主义核心价值体系建设的实效评价与提升

习近平总书记曾指出：“一种价值观要真正发挥作用，必须融入社会生活，让人们在实践中感知它、领悟它。要注意把我们所提倡的与人们日常

生活紧密联系起来，在落细、落小、落实上下功夫。”① 对核心价值体系建设的量化评估是困难的，但是可以在“落细、落小、落实”上观察其内容和效果的。有不少学者着力研究践行社会主义核心价值体系的实效性评估方法。其中，有些研究框架思路值得借鉴和反思。针对评价原则，在对大学生的社会主义核心价值观教育实效性研究中，方虹力指出测评的方法应该讲究“科学性与可行性相统一。科学性是构建测评指标体系有效性的前提，可行性则是测评指标体系运行的保障。只有做到科学性与可行性相统一，才能真正实现测评的目的。理论性与实践性相结合。测评不仅要对学生进行社会主义核心价值观的理论知识考察，而且要关注学生学习社会主义核心价值观理论知识后的外化行为，要将理论性知识与实践性行为都纳入到测评指标体系中”②。针对高校的社会主义核心价值观教育评价内容，肖金明、陈为旭等研究者认为，评价应“树立正确的考核奖惩理念，丰富考核奖惩方式，拓展考核奖惩内容”③。覃安基、潘柳虹等研究者强调，应对社会主义核心价值观教育从认知和了解、内化和认同、外化和践行三个维度进行评价。④ 而具体到评价指标的设计，学界的争论有很多。有不少研究者质疑指标体系设定的可行性。近年有些研究者也有过一些尝试，例如，华中师范大学王新会针对南阳农民群体践行社会主义核心价值观的实效性进行研究，他的研究将实效性评价的指标体系建构为评价体系，归结为“两个层面”、四大维度”。“两个层面”是指社会层面和个体层面。“四大维度”包括了传播的普及度、认知层面的接受度、价值理念的认同度和行为规范的践行度。四个维度下制定18项二级指标，二级指标下又设57个细化三级指标，从而设计了一份农民自评表，同时也设计了专家评价表。根

① 习近平．当好全国改革开放排头兵　不断提高城市核心竞争力［N］．人民日报，2014－05－25．

② 方虹力．大学生社会主义核心价值观教育实效性研究［D］．武汉：武汉理工大学，2017．

③ 肖金明，陈为旭．大学生社会主义核心价值观教育路径研究［J］．教育评论，2015（2）：60．

④ 覃安基，潘柳虹．试析评价大学生社会主义核心价值体系教育实效性的依据［J］．学校党建与思想教育，2013（1）：71．

据打分情况，评价结果分为“好、较好、一般、差”四个等级，也可分为“满意、基本满意、一般、不满意”等类似级别。这种评估方法的优点是推进了研究者的系统认识，但问题在于面对研究对象时，话语转换的困难和理解偏差。对很多农民群众而言，学术的词汇，理解起来脱离日常生活实际。“普及度”“接受度”“认同度”“践行度”这四个“度”很难精准地诠释转化为日常情境，并被受访者理解。出于内心的顾虑，受访者往往也会掩盖内心的真实想法。相应地，如果用类似的评估表让幼儿园、小学阶段的儿童填写，也会遇到障碍。这种方法下得出的“好、较好、一般、差”评价等级，并无什么实质性的说明意义，无益于推进我们对调查对象的了解。

如何让我们的评价更有意义？落细、落小、落实是评价方向的方法论指引。在实践过程中有一些需要遵循的基本原则。第一，保持社会主义核心价值体系建设内容评估上的精准性。教育者应该把握社会主义核心价值体系思想内容的精髓，在理论上厘清边界，在实践中保持先进性与开放性，敏锐应对当下舆情与思潮动向，抵御危害人类进步与发展的错误思想，在评价中具体问题具体分析，保持包容度与创新性。第二，在评价过程中，应该立足评估对象的主体性。根据评估对象的不同年龄阶段，不同心理特征设计评估指标和评估方法。在调查评估所用的语言，所设计的问题上，也应该从调查评估对象的生活世界出发，构建贴切的细化评价指标。第三，评价目标、过程重于评价结果。评估和评价的目的是更好地促进个体与社会道德实践的不断完善，促进公共道德氛围和谐，以人的全面自由发展和真正解放为目的，而非以奖惩和控制为目的。

第四节　学校社会主义核心价值体系建设的方法路径

教育是一个内化与外化相统一的过程，理论知识的内化学习和灌输，只有通过外化行为实践才能体现出教育的效果。理论说教是单向的，内生动力与践行行动才体现出真正的成长。在体系建设的方法路径上，应该尊重主体本位，立足培养每个个体的内生动力，致力于促进群体达成智识上的共识，情感上的认同，以及行为上的践行。方法路径的实践应该是因地而异，与时俱进的。需要根据参与主体的心理、秉性差异而因材施教，需要结合地方社会的地理环境与历史人文传统来寻找与人心相合的教化方式，路径选择上要契合人的发展性。从前人的研究中，我们大体可以看到几种于今天仍有借鉴意义的方法论路径，我们也可以看到，不同类型学校在实践中不断探索着适合学校自身实际的方法论思想创新。

一、基于人本主义理念的路径

人本主义心理学家马斯洛和罗杰斯的思想对教育思想有很深的影响。他们受存在主义哲学的影响，强调个体的自由，个人对人生意义的决定价值。在教育目的上，强调个人成长的价值。受这种思想影响的人本主义教育理论，强调以学生为中心，教育目标立足尊重学生个性，给学生创造一个适合学生学习的环境，让他们从自己的角度出发来感知、理解，最后达到自我教育与自我实现的境界。汲取人本主义理念的价值观教育，会偏向强调以学生为中心设计个性化的课程和实践体系。注重学生的情感需求和自我选择，释放学生天生的学习欲望和潜能。教师只作为他们学习的促进者，让学生成为课堂的主体，促进学生终身学习的内驱力。以学生为中心的体系建设能更鲜活地贴近儿童与青少年的心理需求，在体系设计和资源配置上也更倾向于迎合学生群体的需要。对个性发展的尊重无可厚非，但同时也需要认识到，如果缺失了社会主义核心价值体系的内容引导，一味迎合学生的个人趣味，忽视他人，忽视社会责任，会引发个人主义的问题。而且难以帮助学生走出狭隘的自我藩篱，真正走向社会，奉献社会，更看不到个人与社会需求的一致性。

二、基于教育性教学理念的路径

19 世纪德国教育学家约翰·弗里德里希·赫尔巴特把教育的所有目的和最高目的指陈为道德，认为道德普遍地被认为是人类的最高目的，因此也是教育的最高目的。在教育起点上，他尊重人的个性，强调一个真正的教育者应尽可能避免侵犯个性，而形成德行是教学的最重要也是最根本的意义所在。赫尔巴特的教育性教学理念，给予了道德教育根本性的地位。在这种育人理念下，教学工作、课程内容设置、专业教育的根本也是价值观教育、道德教育。这种思路下的社会主义核心价值体系建设的意义就不是局限在思想政治课课堂上，而是需要融汇在所有教学工作中，学校的专业课程设置、教学方案设计归根结底都应当遵从立德树人的根本性教育目标。

三、基于有效教学理念的路径

美国教育心理学家布鲁姆的有效教学理念，也是影响不少价值观教育方法论思路的教育思想。布鲁姆认为，教师应以尽可能少的时间来促进学生学习与发展，实现学生的个性发展与教师教学目标的实现。从效果、效率、效益上提高教学的有效性。这种思路有功利主义思想影响的痕迹，更为强调教学过程评价、测量和教学目标管理，倾向于寻找更简明的测评方式评估价值观教育的实效性。

四、基于实践情境的路径

价值观教育最为重要的是达到主体内在认识与外在行为的知行合一。也只有在实践中，外在灌输的价值观念才能逐渐转化为有内生动力的自觉体认和践行。在教育实践中，社会热点事件下的行动选择、社会实践参与，道德选择情境的模拟再现，都能成为践行社会主义核心价值体系的实践情境。在这类情境下的理智认识、情感归属和最终选择，是学生和教师道德情操的最好磨刀石，应当充分利用这类能够促进主体参与的实践情境，实事求是、开放发展、反复锤炼，达成价值观教育和人心凝聚的浸润化成目的。

五、基于马克思主义的方法论路径

过往的教育理论能为学校社会主义核心价值体系建设的思想教育工作提供诸多教育学方法论上的思想支撑。能够为方法论提供长久进步动力的仍然是马克思主义、历史唯物主义和辩证唯物主义的根本方法论视角。正是在马克思主义的思想引领下，我们能够更为辩证地、发展地看待思想教育工作中所要着力处理好的根本性关系。例如，在核心价值体系的建设工作中，就需要运用马克思主义的方法思考人的发展与人生价值问题，在具体方法路径上，疏通教师与学生之间的良性互动关系；搭建课堂内外课程教学与社会活动实践的彼此相长关系；协调学校与家庭、社会之间的配合关系。

第三章
广东学校社会主义核心价值体系建设实践经验案例

2014年以来，广东各市、县教育局向广东省教育厅推选了一些有丰富培育与践行社会主义核心价值观建设经验，可以参评示范点的学校和单位。从小学到中学、中职、大学，各级各类学校、单位基于本校现实条件，开展了丰富多样的社会主义核心价值体系建设实践活动。这里选取广东省教育厅提供的各学校经验分享材料，呈现各类学校的基本实践样貌。虽然没有涵盖所有学校，难免遗珠之憾，但能管中窥豹，从中窥得目前广东省各级各类学校一些整体性的建设状态。

广州市东风东路小学

小处着手　人人可为

［简介］广州市东风东路小学创建于1948年，原名广州私立金巴仑小学，20世纪60年代初曾作为广东师院附属小学，70年代末被定为东山区重点学校，80年代改为区中心小学，1984年改名为东风东路小学。学校是全国红领巾示范学校，广东省一级学校，曾获得广州市“德育示范学校”和“广州市书香校园”称号。学校开展“诚信教育进课堂”形式多样，内容丰富，生动活泼，效果明显。

价值观涵化于社会生活深处，落脚在一言一行中。价值观的传播，小中见大是最为朴素的方法。正所谓一具体就生动。培育和践行社会主义核心价值观，就要在“落小”上下功夫。只有把“小”的文章做足做好，找准价值观建设的着力点，才能真正让核心价值观的影响像空气一样无所不在、无时不有。道不可坐论，德不能空谈。“小”既是切口也是载体，“落小”的关键在于唤起从点滴开始的行动。东风东路小学在传播社会核心价值观的过程中，紧紧抓住课内与课外两大路径，紧密结合课堂教学与课外实践活动，从具体行为入手，创新传播方式、丰富教育载体、办实各类活动，有效传播社会主义核心价值观。

东风东路小学充分发挥课堂主阵地作用，走进教材，走进课堂，从不同角度贯穿和渗透社会主义核心价值体系教育。根据语文学科工具性和人文性统一的特点，让语文课堂成为播种爱国、敬业、诚信、友善等价值观的丰厚土壤。语文课堂不仅仅教给孩子如何正确运用祖国的语言文字，更重要的是让孩子受到真、善、美的熏陶，润物细无声地影响每一个孩子，得到精神的滋养。东风东路小学语文科组根据2011年版义务教育语文课程标准突出特点，构建了子课题的研究框架图，涵盖了“落实面向‘主课程’和‘开发多元化的校本课程’”的双轨并行的推广体系。以传统文化为主要内容的校本课程的选择，落实了新课标强调重视阅读理解的要求。通过人文性的熏陶与教育，提升教师的专业素养，让语文课堂真正落实新课程标准的要求，让孩子们从不同的文章里汲取不同精神养料。通过思想品德课中“品德与生活”“品德与社会”直接进行社会主义核心价值体系的教育，引导学生学习处理人与人、人与社会、人与自然、人与自我的各种关系，引领学生的多元价值取向；逐步培养正确的世界观、人生观和价值观。四年级开展“廉洁修身”课程，让孩子们“读廉书、知廉事、重廉行”，树立正确的世界观、人生观、传承廉洁文化，追求真善美，使学生在家做个好孩子，在校当个好学生，在社会上做个好公民。

沉淀特色校园文化，践行社会主义核心价值观。学校充分发挥校园文化的熏陶作用，把丰富多彩的校园文化活动作为有效载体，建设体现社会主义核心价值体系、时代特征和学校特色的校园文化。从小处入手，营造书香校园文化。在学校走廊的传统文化宣传栏中以巨幅牌匾介绍《论语》《弟子规》《三字经》，悬挂名人画像，与师生诵读书写的作品相辅相成。精选的读书名言、教室墙报贴挂着的宣传标语、书画作品、推荐书目栏，营造出一种浓郁的读书氛围。鼓励孩子阅读经典。学校十分重视读书活动，语文科定期向教师推荐好书，如《原来唐诗可以这样读》《古文观止》《说文解字》《宋词三百首》等文化经典。各班级在教室的专门开设“经典书籍书阅读区”“好书介绍”等读书展示角，建立“阅读朋友圈”，定期开展“图书漂流活动”交流好书，分享阅读心得，制作阅读成果集等。缕缕书香弥漫整个班级，熏陶每一位学子，让他们在散发着浓郁文化气息的教室里快乐学习、健康成长。开展“争当‘阅读之星’”“读历史故事，传承中华文化”“好书赠同龄人，同享快乐阅读”“家校联动，共度亲子阅读好时光”读后感等一系列的阅读活动，课内阅读与课外阅读有机结合，让阅读成为师生的一种生活习惯，让好书陪伴每一位“东风东人”健康成长。

通过礼仪仪式活动培养学生爱国情操。把爱国教育渗透在日常行为的教育中。除每周星期一例会升旗典礼外，学校开展“每日升旗礼”。每天早上8：00，伴随着庄严的国歌声在校园奏响，所有的教师、同学，无论身在哪里，或在课室，或在操场，或刚进校门，都会不约而同肃立，并自觉向国旗方向，高唱国歌。长此以往，所有的东风东人已经养成了习惯，这种以小见大的教育，让少先队员们发自内心地尊重国旗，生发爱国之情。

为了培养孩子的社会责任感，引领少先队员们关注时事，在四个校区门口设立“东风东新闻眼”，每天把广州日报和南方日报的头版以及A1版张贴出来，让少先队员们一进校门就能看到当天的最新新闻报道，了解天下大事，了解国家、社会最新动态，形成正确的价值导向，从而形成校园讨论时事的文化氛围，让每个孩子都能做一名真正的社会人。

学生的德育养成，既注重“登高望远”，又注重“于细微处见精神”。对应24字社会主义核心价值观的三个层面，学校开展丰富多彩的德育活动。例如，在爱国主题下，曾开展“溢彩华章60年，我向国旗敬队礼”经典诵读暨一年级入队仪式，在中国的领土版图之前，孩子们开展爱我中华经典诵读活动，并在庄严的国旗、队旗下宣誓，激发对祖国的热爱之情。围绕

“友善”主题，培养队员们从小学会关爱，友好善良的品质，从2007年至今，每年中秋节，学校孩子们都会为同龄小伙伴捐赠爱心月饼，8年来，共为山区儿童、留守儿童捐赠月饼2万余盒。并收到3 000多封留守儿童的回信，与留守儿童搭起友谊的桥梁。围绕“诚信”主题，开展诚信教育进课堂系列活动，曾举办诚信大讲堂，打造诚信专题网站，出版《东风东路小学诚信教育进课堂》专版。

价值观的培育具体而微，是一项复杂的系统工程。唯有发扬钉子精神，聚焦于“小”、扎实推进，才能积小成为大成、化量变为质变，小处着手，人人可为，以良好的社会风貌践行核心价值观的时代新篇！

珠海市香洲区杨匏安纪念学校

传承红色基因　塑造绿色育人生态

［简介］珠海市香洲区杨匏安纪念学校，创建于1953年，原名北山小学，原址在北山村杨氏大宗祠，现位于珠海市香洲区南屏镇北山因是园街79号。2001年12月，学校被评为香洲区一级学校；2003年9月，经香洲区教育局批准，学校用中国马克思主义传播先驱，中国共产党早期杰出的理论家、革命活动家杨匏安烈士的名字命名；2010年1月，学校被评为香洲区义务教育阶段“规范化学校”。这座为纪念杨匏安烈士而命名的学校，80%的生源是打工子弟和当地村民的孩子。学校依托丰富的红色教育资源和得天独厚的绿色自然生态环境，积极打造“红绿相间”的办学特色。

人是环境的产物，温暖和谐的环境有助于培养儿童生动活泼的性格和富于理性、善于交往的能力。在环境文化建设中，学校努力让红色基因与环境对接。围绕“让每个生命开出自己的花”的办学理念，秉承“立志、立诚、立品、正学”的办学追求，努力让校园的方寸之间融入红色情怀和环境育人的特质。

红色资源不仅饱含厚重的历史文化，还孕育了坚忍不拔的奋进精神。

学校特有的红色基因，丰富了红色文化的内涵。为了传承杨匏安精神，拉近学生与英烈的距离，每逢清明节、杨匏安烈士诞辰纪念日，学校都会举行大型而隆重的纪念活动，通过组织学生进行红色诗词吟诵、故事表达、歌舞表演等手段，多方式、多角度讲述烈士事迹，陶冶学生情操。用坚忍不拔的杨匏安烈士精神鼓舞学生。每学期杨匏安学子讲坛，让学生走上讲台，讲述自立自强、积极上进的故事，传播正能量，歌颂真善美。学校还定期通过主题队会、讲杨匏安故事、评选杨匏安之星等活动，在校内选拔积极进取、奋发有为的孩子进行表彰，将新时代小学生的优秀品质播撒在校园的每个角落。学校结合红色教育资源，通过开展多种形式的活动，坚定意志，塑造品格。开展军训、参观驻澳门部队后勤基地，锻炼学生坚忍不拔、不怕困难的意志品质；通过合作探究、小组合作的社会实践活动，养成团结协作、勇于实践的良好品质；通过开展体育比赛，形成拼搏进取、不畏挑战的坚强人格；通过“弯腰行动”把文明行为有机地融合到学生的日常生活中；“温暖中国节”系列活动，让学生感受民族、民俗文化，增强文化自信和民族自豪感。元宵节孩子们做灯笼、猜灯谜、煮元宵；端午节读诗词、包粽子、划旱龙舟；清明节敬烈士、诵精神、做艾饼，艾叶是学校菜地里种的，做成鸡蛋饼每人一小块，在品尝中感受传统文化的魅力。

金山银山不如绿水青山。教育的第一要义就是培养学生热爱生活、享受自然的人生态度，在他们幼小的心灵播下绿色、环保的种子。一旦这颗种子发芽，就会发展成爱、责任乃至信仰。校园里 2 000 平方米的“快乐农场”被分割成 40 多块班级实验田，这些实验田用山上引来的泉水浇灌，学生自己沤的有机肥料滋养。结合独有的自然生态环境，积极创设绿色生态教育。开展“我与萝卜（土豆、玉米、秋葵、辣椒、茄子）共成长”为主题的种植实践课。开学初的“开荒节”，学生们翻土、晾晒、播种，过程中的间苗、施肥、浇水、杀虫，学期末的采摘、丰收、义卖……辛勤地开垦，细心地播种，及时地除草，按时地浇水，学生们收获的不只是果实，更是辛勤付出后的回报。学生亲历植物生长的全过程，与土地交流、与自然对话，看种子发芽、生长、开花、结果，感受到生命的存在与力量，唤起对自然、对大地亲近的本能，让爱护自然、保护环境成为一种自我的需要、一种生命的自觉。

在课余时间，学生志愿者会随同家长，到周边社区开展学雷锋行动，让乐于助人的精神落地生根；通过“光盘行动”自我监督，培养勤俭节约的良好品质；通过“弯腰行动”，明白礼让谦逊，学习与人为善。

中山市杨仙逸小学体育路学校

实施“三心教育”　培养美德少年

［简介］中山市杨仙逸小学体育路学校创建于2005年9月，现有教学班35个，学生1 700多人，教师92人，一直坚持“立德树人、德育为先”的办学理念，坚持“崇德、尚美、扬志、乐学”的校训，以“三心教育”为载体，努力培养“德美少年”，取得了令人瞩目的成绩。学校先后获得了“全国德育实验学校”“全国未成年人思想道德建设先进单位”“全国中小学生良好习惯养成示范学校”“广东省一级学校”“广东省德育示范学校”“中山市文明行为规范学校”“中山市修身学堂示范点”“中山市优秀修身学堂”等近200个荣誉称号。

近年，学校以“三心教育”为载体，对师生进行社会主义核心价值观教育，努力让社会主义核心价值观植根于师生心中。“三心教育”就是要求全体师生“在家庭尽孝心、在学校献关心、在社会施爱心”，通过组织“日行一孝”“家风建设”“每期一梦”等活动，把孝老敬亲的传统美德，诚信友善的道德品质和国家兴亡匹夫有责的爱国思想内化于心外化于行。“三心教育”通过三方面得以彰显。

第一，深入开展“在家庭尽孝心”活动，培养学生孝老敬亲的传统美德。培育和践行社会主义核心价值观是一种“崇德、尚美”的品德教育。正所谓，“百善孝为先”，我们认为，要做好社会主义核心价值观教育必须从培养学生“敬老爱亲”的传统美德抓起，并组织了以下的活动。

日行一孝。学校要求每位孩子每天回家都要为父母长辈做一件力所能及的事，以此感谢父母的养育之恩。如：要求孩子每天对长辈主动问好、做家务；要求孩子为父母长辈斟茶、盛饭、递拖鞋；为爸爸妈妈捶背、为爷爷奶奶梳头、和父母长辈聊天……学校根据行为心理学小步子技术原理，设立“日行一孝”登记表，每天记录孩子的孝行。并通过狠抓21天形成基本的习惯，巩固90天形成比较稳定的习惯，让行孝成为每一个人的生活习惯。于是，学校了出现了“小黄香”，冬天为妈妈暖床；出现“孝美好孩子”，每天冲好一壶茶等爸爸下班……孩子们的孝行感动了每一个家长。

家风建设。为了让“孝老敬亲”这一美德之花开遍每一个家庭，罗坚红校长把学校教育延伸到了每一个家庭，创造性地设立了“请你和我一起做”孝德亲子作业，以小手拉大手的形式，要求孩子带动家长每天完成“日行一孝”作业。如，要求孩子回家给父母捶背的时候，父母也要为自己的父母，也就是孩子的爷爷、奶奶、外公、外婆捶背。有一天，有一位老奶奶到学校来表扬说，没想到自己的孙子在学校学会孝顺后，自己的儿子和儿媳妇都懂得孝顺了。现在家庭更加和睦，老人家更加舒心了，要感谢学校。中山市妇联于今年在我校举行了“好家风伴我成长”主题会，向全市推广我校的做法。

学校还组织了“和谐校园生日 Party”活动，让每一位过生日的学生认识到自己的生日当天就是“母难日”，每年生日都要发表生日感言，感谢父母的养育之恩。除此之外，学校还组织了“六自觉五主动”活动，对学生的孝行进行了明确的指引，收到了良好的教育效果。我校“日行一孝”做法被中山市委宣传部评为“中山市修身特色项目”，得到了广东省委常委、宣传部庹震部长的高度评价。全省推广学习中山修身活动现场会，我校作为重要参观点，广东电视台《新闻联播》对此进行了采访报道。

第二，深入开展“在学校献关心”活动，培养学生互信互助的道德品质。诚实、友善，是社会主义核心价值观的公民层面的主要内容。为了培养学生诚实、友善的道德品质，学校以“互信互助”为抓手，组织了以下的一些活动。

赏识包容。学校把7月定为“表扬月”，让家长和老师之间、师生之间、生生之间，相互表扬。各班设立了班级表扬角、校长表扬角和校长每周寄语栏。罗校长坚持每周为各班写寄语，每月为各班写表扬信。此外，学校还把“赏识包容”作为“体育路学校十个好习惯”之一对学生进行培养，为培养孩子诚实、友善的道德品质打好坚实的基础。

互信互助。为了培养互助的精神，学校要求教师在为孩子们撰写评语的时候按照“9 +1”模式，每学期在肯定学生9分成绩的时候，温馨提示1分不足，并指导孩子们改正；学校还根据现今社会独生子女多、同伴少的情况，组织了“成长伙伴”结对和“留住温馨一刻”等活动，帮助孩子们树立结对帮扶的座右铭，使孩子们在日常生活中相互关心、相互帮助、共同进步。

热爱学校。为了培养学生的爱校意识，学校把爱校教育融入每周升旗仪式，每周国旗寄语内容为“让我们牢牢记住：爱校从养成好习惯开始，从我做起，从小事做起”。让学生知道，爱校从微笑待人，培养良好的道德品质做起；爱校从自觉排队，遵守校纪校规做起；爱校从弯腰捡起一片小纸屑，爱护环境卫生做起；爱校从认真听好每一节课，节约每一滴水、每一度电、每一颗粮食做起，努力学习为校争光做起……告诉学生他们是学校的形象代言人，养成良好的习惯，做最好的自己。

第三，深入开展“在社会献爱心”活动，培养学生的爱国情感，提升学生的社会责任感。为此，学校组织了以下活动。

每期一梦。为了让“中国梦”在每一个孩子心中扬帆，学校除了做好了“中国梦”教育讲座外，还组织了“每期一梦”活动，告诉孩子们只有每一位孩子努力实现自己的梦想，全国人民的共同梦想——“中国梦”才会实现。要求每一位孩子每学期初，在老师的指导下树立自己一个学期的梦想，并寻找科学的圆梦措施和方法努力圆梦，每月反思，每学期末进行圆梦总结。活动以来，有的孩子树立“环保卫士爱国梦”，有的树立“强身健体爱国梦”，有的树立“科技小发明爱国梦”，等等。由此，引导学生从小树立社会发展、国家昌盛匹夫有责的爱国思想。

亲子义工。学校共有35个教学班，35支亲子义工队，各班的亲子义工队由班级的家委会主席负责，每周末轮流组织一次活动。有的亲子义工到社区孤寡老人家帮忙做家务；有的到社区进行义演义捐活动；有的在自家小区进行卫生清洁；有的自觉在交通路口当交通协管员等。每周一次自觉当义工，促进了邻里和睦、社会和谐。此外，为了帮助真正有需要的人，师生、家长自发组织了“爱心联盟”，并进行爱心活动。

社会实践。为了让孩子们进一步了解社会，关心时事政治和国家大事，激发孩子的爱国热情，学校组织了形式多样的社会实践活动，如带领学生到污水处理厂参观，到垃圾填埋场参观，到中山市大型企业参观、实践，到爱国教育基地参观学习等，收到了良好的教育效果。德育处还常组织“我为家乡发展献一计”社会实践活动，大大激发学生的社会责任感和爱国热情。学校被评为广东省综合实践样本学校。

中山市坦洲镇林东小学

将社会主义核心价值体系融入小学叙事德育创新实践

［简介］中山市坦洲镇林东小学创办于1949年，前身为坦洲镇中心小学。1994年，在原坦洲居民、澳门同胞林东先生的倡导捐资下，坦洲镇政府划出建校用地建设，1996年正式落成投入使用。学校倡导和推行人文化、精细化、科学化管理，注重学生的习惯养成和可持续发展。学校“小学叙事德育模式”研究成果获得广东省教育厅中小学德育创新成果一等奖。

中小学中弘扬优秀传统文化，践行社会主义核心价值观是落实立德树人根本任务的重要基础。坦洲镇林东小学把“弘扬优秀传统文化，践行社会主义核心价值观”融入课堂教学，积极开展省级科研课题“把社会主义核心价值体系融入小学叙事德育的实践研究”工作，充分利用叙事德育的研究成果和成功经验，大力开展“弘扬优秀传统文化，践行社会主义核心价值观”教育，形成教师先行、学生跟进、家庭互动、社区参与的良好局面。

全体教师广泛参与，无论是课题组成员，各班班主任、品德课教师、语文课教师，还是其他学科教师，都全身心投入课题实践中，收集整理核心价值观教育素材，结合叙事德育思考优化教育方法，研讨交流教育心得，通过主题班队会、国旗下讲话、学科教学、辩论论坛、少先队活动、课外实践活动、家委会活动等途径或形式，全面开展核心价值观教育。

学校专门开设了叙事德育（核心价值观教育）专题网页，网络服务器上设立共享素材资源库，老师们将收集、使用的故事文本、视频、音频、图片等素材分类上传，互相学习交流，并通过家委会、家长会、家长学校等向广大家长传播叙事理论，印发核心价值观教育材料，推动家庭开展核心价值观教育。开展核心价值观教育主题征文活动，动员教师、学生及家长广泛参与，交流学习教育情况和心得体会。鼓励老师在实践的基础上，认真反思总结，积极撰写经验材料，每月至少完成一篇价值观教育的随笔、案例或论文，并通过互相交流研讨，深化对核心价值观的认识，提高运用叙事德育进行教育实践的能力。举办学生交流论坛、辩论论坛等展示交流活动。将核心价值观教育由学校延伸到家庭，通过各种形式指导家长运用叙事方法开展家庭教育。结合家委会活动，让大家交流家教心得，开展家教探索，推广各自价值观教育的成功经验。

叙事德育主题班会课利用叙事理念，遵循“故事准备—叙述演绎—情感体验—启智明理”的过程模式，根据主题准备好相关的叙事素材，通过叙述、讨论、评价，引导学生去感受、感触、感悟，由事明理，逐步实现道德品格的自我建构。

叙事班会课各班每月至少开展一次，全校一学期累计开课110多节，内容丰富，形式多样，成为核心价值观教育主阵地。班会主题一般由德育处统一安排，主要根据核心价值观爱国、敬业、诚信、友善四个个人层面的德目给出方向和参考建议，各班自定话题，比如，关于“爱国”主题，各班可以选择爱校、爱家乡、传统文化教育等。各班课前要认真准备好教案和课件，力求做出精品。提倡互相学习交流，但上课材料一定要自主创作；鼓励百花齐放，力争使叙事班会课开展得有声有色、有创意。

学科教师注意在教学中运用叙事法渗透核心价观教育。关注语文课中相关诗人的生平事迹，数学课中科学家的故事、与“数”相关的故事等，以事育德、以德促智。通过设置两难问题教育情境让学生辩论，触动学生主动思考、辨别、选择，开放式讨论，鼓励学生独立思考，发展理性思维。

除了在主题班会、学科教学、两难问题辩论中开展核心价值观教育外，还进一步丰富教育形式，使价值观教育更加生动活泼、富有生气。主要有以下形式。①一事多议。教师选好故事，设计好问题，通过适当的方式呈现给学生，让学生根据问题思考，结合生活、学习实际和个人感受发表各自观点，完成一篇听（读）后感（低年级可用文字配画形式），促进学生思辨能力的提高。②开展交流论坛。选取 10 名左右的学生，进行小班互动交流，与“一事多议”相互补充。利用人少、时间足的优势，增强生生、师生多边互动，鼓励学生大胆发言，做到充分交流讨论。③开展主题教育活动。结合社会实践活动、少先队活动、家委会活动等，将核心价值观教育渗透到各类主题活动中，让学生在实践中体验感悟。例如，有班级开展爱国主义教育，计划去圆明新园参观，出发前或参观过程中，教师、学生或家长讲述与圆明园相关的历史故事，激发学生的爱国情感。④开展家庭教育。结合两难问题辩论等，动员家长给孩子提供一些参考意见，或与孩子一起研究讨论，寻求适宜的解决办法，形成亲子互动、共同学习进步的效果。⑤开展情境教育。针对节假日活动、课堂教学或班级管理中的某些恶性事件，比如学生的不文明言行、同学之间的矛盾纠纷、校内校外的不一致表现等，通过视频、场景等营造出一定的情境或还原“现场”，让学生在情境中接受教育。

学校实行校长负责、党组织保障、主管德育工作部门和分管负责人各负其责、全员参与的管理体制。在教学管理中，对实施社会主义核心价值观提出具体明确的要求，把践行社会主义核心价值观教育作为完成教学任务的重要组成部分，一起部署、一起落实、一起检查，及时总结交流。在学生管理中，以育人为本，面向全体学生制定的制度、采取的管理措施，都必须与培养目标相一致。将社会主义核心价值观教育作为学生常规化评价的重要内容，每学期对学生做出相应的评价，并将评价结果载入学生档案。在教职员工管理中，要引导教师一切以学生成长为出发点和落脚点实施教育，倡导和谐的师生关系、和睦的教师与教师的关系、真诚的教师与家长的关系、紧密的学校与社会的关系，建构和谐的校园环境与育人氛围。构建“三位一体”社会主义核心价值观教育网络。通过家访、家长信、印发学习资料、家委会活动、家长开放日、家长进课堂、家校通平台、校园广播等方式或途径，将学校开展社会主义核心价值观教育活动的内容、要求告知家长，同时向家长提出明确要求，与学校达成一致，形成合力，实行家校结合，共同教育。积极协调各部门工作，努力形成分工协作、齐抓共管的工作格局，对学生进行社会主义核心价值观教育。结合学校社区共建活动的开展，积极营造学校、家庭、社会共同开展社会主义核心价值观教育的良好氛围。

为弘扬优秀传统文化，使“咸水歌”这一古老的艺术形式更好地发挥新时代鼓舞人民前进的精神力量的作用，作为坦洲镇窗口学校的林东小学，在“把社会主义核心价值体系融入小学叙事德育的实践研究”课题研究实施过程中，与镇关工委、老人协会民歌表演队的民间老艺人们合作，通过举办民歌表演晚会、开办少年宫咸水歌班等形式，在教师和学生中间积极开展创作、演唱咸水歌的活动，寓德育于传统文艺。

茂名市第十六小学

德育为先　寓德于诗

［简介］茂名市第十六小学创办于1990年，曾被评为“广东省绿色学校”“广东省一级学校”“广东省现代教育技术实验学校”“广东省中小学校本培训示范学校”“全国优秀家长学校”“英特尔培训实验学校”“广东省第一批省级规范汉字书写教育特色学校”“广东省首批诗歌教育示范学校”“广东省现代教育技术实验学校”“广东省中小学继续教育校本培训示范学校”“广东省师资建设教师发展学校”“广东省少先队工作示范学校”“广东省巾帼文明岗”“茂名市首批义务教育规范化学校”“茂名市美丽校园”“茂名市未成年人教育示范基地”“茂名市安全文明校园”“茂名市书香校园”等。学校以办人民满意的教育为宗旨，全面推进素质教育，把“强抓质量，彰显特色，让师生共享人生出彩机会”作为新时期的办学理念，坚持育人为本、德育为先，围绕立德树人的根本任务，把社会主义核心价值观纳入学校近期、长期发展规划，落实到

教育教学各环节，覆盖全校师生，形成课堂教学、社会实践、校园文化多位一体的育人平台，不断完善中华优秀传统文化教育，形成爱学习、爱劳动、爱祖国的有效形式和长效机制，努力培养德智体美劳全面发展的社会主义建设者和接班人。

学校重视构建德育网络。坚持把德育放在学校工作的首要位置，坚持育人为本、德育为先，把立德树人作为学校教育的根本任务，以培育和践行“社会主义核心价值观”为基点，加强教师队伍建设和学生教育工作。成立了以校长为组长的学校德育工作领导小组，加强学校德育工作领导，每位领导分工负责一个级组，每月工作的考核以级组为单位，领导和全体师生一起参与考核。领导带头执行制度对学校的教职工产生了积极的影响，领导的表率行为是制度管理中最有力的保证。

积极宣传社会主义核心价值观的基本内容“富强、民主、文明、和谐，自由、平等、公正、法治，爱国、敬业、诚信、友善”，主动在师生中推行“关爱激励”“奖励激励”“竞争激励”“榜样激励”的做法，做好培优转差的工作，共育“四有”新人。金无足赤，人无完人。优秀生的成长需要对其不断地进行指导和培养，“学困生”更需要对其不断警醒和耐心帮教。对优秀生集大家力量来共商如何优上加优，使老师能全面准确地把握他们的情况，及时进行思想教育，使孩子们能茁壮成长；对于一些“学困生”，学校遵循爱心感化、耐心帮助、细心启发、防患未然的教育原则。各班“学困生”由班主任负转化之责，科任老师协助教育，要求班主任跟“学困生”的谈话内容、谈话次数、转化个案都要翔实地记入班主任工作手册中去，学校定期检查，并将此作为衡量班主任工作业绩的重要内容之一。

该校不断地拓宽德育工作的领域，采取多渠道、尊重受教育者、有的放矢的教育模式。例如，通过组织学生社会实践活动，军训活动，组织学生自愿参加“我的中国梦”主题教育活动，还有板报比赛、演讲比赛、主题班会等活动，培养学生热爱祖国、热爱中国共产党、热爱校园的情感和坚韧不拔的意志。该校坚持以班会、升旗仪式和国旗下讲话为重要的德育阵地，有针对性地对学生进行纪律教育、法制教育、理想教育、爱国主义教育、心理教育、诚信教育、安全教育，及世界观、人生观、社会主义核心价值观的教育等，学校还表彰了一批市级和校级的“三好学生”“优秀少先队员”“优秀值日生”，使广大的学生学有榜样，赶有目标，形成了学先进、赶先进、比学习、比进步等良好的育人氛围。

通过开展多种有意义的比赛，丰富学生的课余生活，在学生中设诗歌创作、诵读、舞蹈、合唱、器乐、演讲、书画、篮球、乒乓球、跆拳道、棋类、手抄报、科技制作等40多个兴趣小组。尤为值得一提的是该校的诗歌特色教育，“班级诗文诵读”比赛、“优秀班级诗坛”评比、“古诗文大王”诵读比赛、“诗文知识竞答”、“诗配画”比赛、“师生对诗”、“诗文书法”比赛和“诗文手抄报”比赛等，给学生提供了展示才能的平台，学生语言积累明显丰富，多者能背诵380多首（篇）经典诗词，学生口头表达和写作能力明显提高。探索寓教于诗的特色道路，用诗词文化全面布置点缀校园，建“诗意校园”，营造浓厚氛围；汇编经典诗词校本教材；通过诗词鉴赏论坛、班级诗坛、诗词配画、诗词朗诵、校园诗歌创作比赛和诗歌舞表演等系列诗词文化艺术特色教育活动的开展，让学生全面感受体会经典文化魅力；举行千人诗词诵读、千人竖笛大演奏、千人诗词串跆拳道等展示活动。实现诗歌教育与各学科教育的有效融合：将诗词文化教育与音乐教学融为一体，“诗中有乐，乐中有诗”；将诗词文化教育与美术教育融为一体，“诗中有画、画中有诗”；将诗词文化教育与体育教育融为一体，“静中有动，动静结合”。学校诗歌教育特色活动的开展，得到了上级领导和兄弟学校的高度评价。逐步形成了一套行之有效的诗教模式，总结出了“读—赏—仿—创”的教学流程。利用诗歌净化心灵，浸润核心价值观。

韶关始兴县高峰小学

义工服务中践行核心价值观

［简介］韶关始兴县高峰小学将核心价值观融入未成年人思想道德建设的全过程，在学生中开展主题为“学会感恩，创造和谐”的活动，成立了义工服务队。始兴县高峰小学义工是由学校少先队部组织指导下

的热爱集体、热情优秀、乐于助人的高年级学生组建的团体，他们以“温暖你我、风雨同行”的精神，践行“奉献爱心、服务学生、帮助别人、快乐自己”的义工宗旨，竭诚为学校、社会服务。

通过校会、升旗集会对全校学生进行动员。让学生明确学校开展义工活动的意义和目的。义务工作的基本原则：自愿参加，量力而行，讲求实效，持之以恒。让学生自愿报名参加，学校提供义工统一标志服装；分小组（执勤组、文明礼貌组、学习互助组）开展活动；各义工小组每周制订工作计划，按计划开展义工活动，各班主任记录义工活动情况；通过各种形式表彰先进义工小组和个人。明确指出义工精神是“奉献、友爱、互助、进步”，提出义工活动口号“我心中有你，助人悦己”，并带领小义工们进行宣誓：“我自愿加入高峰小学小义工服务队，遵守义工的章程，履行义工的义务，完成学校100学分的义工活动，以实际行动来做一名合格的义工。”制定出义工的行为规范让全体小义工学习。

深入校外德育教育基地太平镇敬老院慰问老人，奉献爱心。经常组织学生到敬老院做好事、办实事，通过形式多样、富有实效的敬老主题活动和良好的社会氛围的渲染，展现青少年尊老敬老的精神风貌，进一步营造敬老、亲老、侍老、助老的社会风尚；激发少年儿童孝老爱亲的自觉性，并由爱家、爱老推及爱国、爱社会，进一步树立起社会责任感和历史使命感，长大后为建设和谐社会做出应有的贡献。

进入社区开展“爱心”清洁活动。配合县城市容市貌环境卫生和道路交通综合整治“百日行动”，开展“小手拉大手”活动，在学生中开展环保教育、卫生交通知识宣传，提高学生的环保意识。组织学校义工到周边街道进行卫生大扫除。

梅州市特殊教育学校

让特殊的孩子学会感恩学会爱

［简介］梅州市特殊教育学校前身是梅州市盲童学校，创办于1988

年，是广东省最早开办的盲童学校，解决了梅州地区的梅江区、梅县区、兴宁市、五华县、丰顺县、大埔县、蕉岭县、平远县共2区1市5县等地聋哑儿童入学难的问题。2005年更名为“梅州市特殊教育学校”。

由于学校的特殊性，在校孩子们自身的生理缺陷，会让许多家长产生内疚感，为了弥补他们，长辈、父母会加倍疼爱，毫无条件地满足孩子的要求，绝不让他们受一点“委屈”。因为得到了太多的关爱，这些孩子对很多事认为是理所当然，并不觉得自己得到了爱，不会感恩珍惜他人的爱，变得心理脆弱、心胸狭窄，待人接物比较淡漠，不太主动与人交往，总是渴望得到别人的理解、尊重、关爱，但自己却冷漠得不愿为别人多付出一份关心、一点爱，甚至以“我”为中心，过分追求自我价值的实现，对家庭、集体的事不热心，对社会、国家和身边的事不关心。学校把对父母要孝顺，对师长要尊敬，对朋友要守信，对自己要自尊、自信等作为德育工作的一个重要内容，意在培养适应时代社会的全面发展的个性良好的人。

各班级开展“学会感恩，让生命充满爱”的主题班会。聋高一年级在主题班会中，总结出每日“我”所能做到的事：为劳累的父母、长辈倒一杯茶，揉揉肩，陪他们说说话；每天好好学习，学会尊重、关心老师，给老师一个好心情；体谅、理解父母、老师的苦楚，不顶嘴、不争吵，多为他们着想；每天分担些力所能及的事，学会说“谢谢”“您辛苦了”；学会关爱身边的人，存好心，做好人，及时给他人送上温暖。并就此倡议同学努力天天做到，把爱的情感向一个更高的层次提升。

布置学生以“感恩”为主题的周记，让学生回家做“尽一孝”的实践，并谈尽孝后的感受，学习《弟子规》中的孝道，送父母一句温馨的祝福，用手机给父母留下做家务的一张照片，给老师讲一句感谢的话，为社会做一件力所能及的事。学校通过引导学生积极参与各种感恩活动，帮助学生形成良好的道德个性品质，形成正确的人生观、价值观；关心环境，关心社会，关心他人，富有同情心，助人为乐，积极参加志愿者活动；热爱生活，充满理想信念，能自我激励，自我发展；适应社会集体，富有协作精神，人际交往、团队精神、增强交流能力。

从关爱教育入手，消除学生的心理障碍，提高学生的心理健康水平。让学生懂得“关爱自我”就是关爱自己的身体及心理的健康，珍惜自己的人生，爱惜自己的品德、名誉、形象，对己负责，积极进取，奋发向上，努力实现人生的价值。

广东实验中学

以学生发展为本　引领核心价值体系建设

［简介］广东实验中学是直属广东省教育厅领导的省级重点中学，广东省首批国家级示范性高中。中学前身始于清同治十一年（1872 年）清政府设立的“清朝留美学童先修班”和清光绪十四年（1888 年）设立的广州格致书院，后曾易名为国立广东大学附中附小、国立中山大学附中附小、华南师范学院附中附小、中南（广东）科技学院附中、广州市第六十中学，1987 年正式定名为广东实验中学。作为一所国家级示范性高中，广东实验中学一向有着“改革、实验、创新”的传统，在教育教学实践中，秉持“爱国、团结、求实、创新”的校训，以科学发展观、社会主义核心价值体系为指导，以民族精神和时代精神为教育主线，引领学生爱国爱校、立志成才，努力提升学校办学品位，实现“强校梦”，装扮“中国梦”，积极探索以社会主义核心价值体系引领学生思想道德教育的有效途径。

在社会主义核心价值体系建设方面，广东实验中学有不少值得总结的实践经验。在主题教育活动方面，注重深化社会主义核心价值体系教育。以爱国主义教育为核心，以理想前途教育为主线，以法纪安全教育为重点，以养成教育为抓手，除了组织学生认真学习社会主义核心价值体系的基本内容，还通过开展序列化、专题化德育活动，着力培养学生的公民法制意识、公民道德意识、公民规则意识，对学生深化进行社会主义核心价值体系教育。通过开展丰富多彩的校园活动和体验活动，充分利用、创造各种契机，深入地开展爱国、爱校、爱集体、尊师敬长、感恩等教育，继承和弘扬中华民族优良传统，寓社会主义核心价值体系教育于活动之中，实现各育的有效融合，规范学生的行为，提升学生道德水准。让学生明白什么是真善美，什么是假恶丑，从而树立远大的理想、清晰的人生目标，形成正确的人生观、世界观和价值观，遵守社会公德，使学生形成做人必需的道德品质，塑造省实学生良好的道德人格和精神风貌，重点是“爱国、礼仪、责任、诚信、仁爱、公正”的教育。如：公民意识教育——加强对学生的做人教育，创造条件让学生自觉加强公民法治意识、公民道德意识和公民规则意识；“诚信”教育——培养学生诚实待人，以真诚的言行对待他人；作业和考试要求真实，让学生自觉做到不抄袭、不作弊；“仁爱”教育——提倡“关爱自己”“关爱他人”“关爱集体”“关爱自然”；安全教育——每学期利用周会主题讲话、张贴教育海报、班级和宿舍的手抄报评比、消防演习、紧急疏散演习等多种方式，在全体学生中开展安全教育；青春期教育——组织“做‘自尊、自爱、自信、自强’的可爱女孩”“男生必须记住的四句话”等讲座。

开展“生涯规划与人生指导”课程，将社会主义核心价值教育目标和内容系统化、具体化。广东实验中学的德育理念是“以人为本、以德树人、激扬生命、引领发展”，突出强调以学生发展为本，更关注在教师的发展下引领每一位学生主动发展，健康发展，持续发展。省实以“生涯规划与人生指导”为抓手，将社会主义核心价值教育目标和内容系统化，加强对学生的“思想引导、健康向导、学业辅导、生活指导”，全面关心学生的思想认识、学习生活，引导学生树立正确的世界观、人生观、价值观。开设“生涯规划与人生指导”校本选修，培养学生的主体性人格和创造精神，使学生的知、情、意、行和谐发展。引导学生形成自信、自尊，平和、达观的心理素质。做到真正关心学生，尊重学生，理解学生，调动学生的主动性，让学生在教师的引领下成为高素质人才，研究学生的身心发展和成长规律，为各类学生提供个性化生涯规划和人生指导方案，因材施教，探索省实特色教育模式。如以南山班和实验班为试点，加强理想人生观教育，培养他们的社会责任感和国际视野，激发他们内心巨大的潜能，引领他们树立高远的人生目标，并辅助他们实现目标；对少数晚熟学生，采用社会实践、心理拓展等活动，唤醒他们内心的成就动机，将各种纪律要求内化为自我要求，帮助他们建立自信心、成就感，帮助他们找到自己想要的生活，并辅助他们过上这样的生活；对大部分处于中等水平的同学，重点提供学业指导和生活指导，帮助他们突破自我，实现个人的追求。

以“温馨教室”建设为载体，将社会主义核心价值体系教育融入学生活动。社会主义核心价值体系的基本内容之一是社会主义荣辱观，引导学生树立社会主义荣辱观，以团结互助、诚实守信为荣，就必须找到有效的教育载体，因此本学期大力推进“温馨教室”建设。良好的班级人际环境，愉悦的课堂教学环境，健康的自身心理环境，舒心宜人的物质环境……这是教师和学生的共同的需求，希望借“温馨教室”建设引导学生学会团结宽容、和谐合作，有针对性地进行社会主义核心价值教育，将社会主义核心价值体系教育融入学生的各种活动之中，让学生在活动过程中进行自我教育。

珠海市田家炳中学

用礼仪校园文化　培养核心价值观

［简介］珠海市田家炳中学是一所区属全日制普通高中，坐落在珠海市斗门区白蕉科技工业园内。学校创建于 1964 年，是珠海市绿色学校。学校坚持以科学发展观为指导，制定了“把学校办成管理富有特色、教育质量优良、文化氛围浓厚、师生民主和谐的优质普通高中”的办学目标，秉承“为每一位师生的可持续发展奠定基础”的办学理念，践行“让学生在实践中感悟，在生活中成长”的育人新观念，为每一个学生搭建成长阶梯。

讲文明、重礼仪是中华民族的优良传统，是现代人一种习惯的养成及其良好素质的体现。礼仪可以帮助我们规范言谈举止，学会待人接物；塑造良好形象，赢得社会尊重；架设友谊桥梁，通向成功之路。礼仪又是帮助我们获得成功、创造幸福生活的“通行证”。所以说，知礼懂礼，注重礼仪，是每个人立足社会的基本前提之一，是人们成就事业，获得美好人生的重要条件。学校吸收中华传统礼文化精神，纪念田家炳先生爱国奉献、勤俭诚朴、仁让礼善的精神，弘扬社会主义核心价值体系精神，从“礼”上打造学校文化精神。

一个人的文明礼貌习惯不是先天就有的，而是后天培养及环境熏陶的结果。要紧的是在实践上下功夫，身体力行，见诸行动。加强中学生文明礼仪养成教育，逐步养成个人良好的行为习惯，树立正确的思想道德观念，教育引导中学生学会做人，是学校进行思想道德教育的重要内容之一。学校沉淀“以礼立德”育人模式，以“习礼崇文，博学智慧”为办学目标，以“尚礼严谨，礼贤致远”为校训，提倡“文明有礼，积极进取”的校风，崇尚“敬业立礼，求实创新”的教风，端正“刻苦自觉，明礼善思”的学风。

除了在环境文化上用建筑突出“礼”，也在活动实践上培养学生文明习惯的活动、各种礼仪养成活动，强调在校期间的鞠躬礼、国旗礼、行走礼、坐姿礼、开学礼、成人礼、毕业礼、演出礼。通过礼仪，培养学生的组织、交流、合作、表达、动手、自信等方面的能力。开展礼乐主题文艺活动，如“礼之乐”文艺演出、“礼仪之星竞赛”主题活动等。

加强教师职业道德建设，通过榜样激励，机制监督，纪律约束等一系列措施，激励教师热爱教育事业，热爱学生，教书育人，为人师表，依法治教，为育人服务。教师们在文明礼仪教育活动中言传身教，能严格要求自己，做文明礼仪的示范者、引导者。教师们能尊重学生，令学生在潜移默化中受到教育，营造良好的教育氛围。

以活动为载体，化空洞的说教为具体的、鲜活的浸润。举办各种校园文化艺术体育活动，形式多样，内容丰富，活跃学生身心，给学生创设展示自我、施展才华的舞台。利用各种传统节日开展活动。举办以法制安全教育、行为习惯养成为主题的竞赛活动。开展“寻找身边的德育榜样”征文比赛，举行全校“先进学生事迹报告会”，举办“廉洁修身”征文比赛，举办高一年级中学生形象综合大赛（考核考勤、仪表、宿舍、卫生、升国旗、课间操等）、校“十佳学生”评选，开展前途理想教育、环保教育、禁毒教育等主题班会，与中山大学学生联合开展“骄阳行动”活动，加强对高三级学生的理想前途教育，开展“绿色回收暖万家”环保活动，还有各类增强体能的健身活动，益智有趣、巩固知识的精彩活动等。学生在活动中学会了互相尊重、互相谦让，学会了使用文明语言，寓教于乐，寓教于活动，潜移默化，收到了良好的教育效果。

切实落实“学”“行”“导”“评”措施。“学”：学规范，明道理。各班级根据学校的教育重点和学生的实际，有重点、分专题地对学生进行“规范”的学习教育，使“学规范”更细致，更深入。学校特别注重家校间的密切配合，通过“家长的一封信”、家长会等形式，呼吁家庭注重礼仪教育，让学生全面了解和掌握与日常生活和学习密切相关的校园礼仪、生活礼仪、社会礼仪等方面的知识，以“文明礼仪行为习惯养成教育”为重点，开展礼仪、礼节、礼貌教育，全面提高学生思想道德素质和文明礼仪素养。“行”：抓训练，见行动。学校从常规训练入手，使文明具体化。为了使行为规范的贯彻实施与从严治校结合起来，我们围绕着学校的各项规章制度进一步规范学生的行为。各班根据本班实际设立班规，各年级有计划实施。注重高一新生的文明礼仪的养成教育。如从学生注册报名开始就关注学生的文明素质；充分利用军训，开展全面的文明礼仪的养成教育；学期中进行中学生形象大赛，对学生进行全方位的强化训练。成立学生自管小组。学生参与班级、年级、学校的各层级管理，大大增强了训练的效果。从最简单的坐立行语言、体态语言等方面入手开展“文明伴我行”活动。“导”：勤检查，重引导。致力于加强学校文化建设，努力提高校园文化的德育功能，提出以“以自强不息的家炳文化激励学生，以丰富生动的橱窗文化鼓舞学生，用多样的视听文化感染学生，让庄严的升旗文化陶冶学生”，让学生在收获知识的同时也成了拥有高尚人格、高远的志向和高雅情趣的田中人。在文明礼仪方面，重在以人为本，构建和谐的师生关系，对学生进行耐心细致的引导。通过值日领导带头查、学生仪表查、学生自管小组查、学校总务卫生内务安全查和主题班会主持人的礼仪训练等，对不文明的现象进行及时的引导。经过多年的坚持，抓行为规范的实施做到了细节化、全面化、经常化、持久化。“评”：评先进，树正气。有学生自评。在期末要求学生对照《中学生日常行为规范》和学生综合素质要求，写好个人小结，并对学生操行进行自评、组评和班评。还有班评、校评。包括文明班级、文明宿舍评比，市区、校级各类先进的评比，十佳学生评比，学校文明之星、礼仪之星评比等。

珠海市实验中学

注重惜福感恩教育　培养至善至美之才

［简介］珠海市实验中学，2000 年创办，是市直属公立高级中学、珠海市一级学校、广东省一级学校、广东省教育水平评估优秀学校、广东省国家级示范性普通高中。2018 年，被国家民委命名第六批全国民族团结进步创建示范单位。

以“善美”为核心，培育“六有”学生。学校树立以“善美”为核心的育人理念，积极培育热情、阳光、积极向上、懂得感恩的学生文化，精心打造“至善至美”新人。学校结合自己的德育体系，提出培育“六有”学生标准：有礼、有信、有爱、有尊、有责、有恩。

开展“修身计划”，推进学生自我品质的修炼和完善。学校启动了学生三年“修身行动”计划。在高一年级进行“礼仪、诚信”教育，培养高中阶段起始年级学生的礼仪和诚信意识，为日后的成长、成功打好基础；在高二年级进行“仁爱、尊重”教育，着力塑造学生温文尔雅、彬彬有礼的性格特征，帮助中间年级学生克服浮躁、学会专注、学会尊重；在高三年级进行“责任、感恩”教育，对毕业年级的学生强化报效祖国的责任和感念师恩、感恩社会的情怀。学校编辑德育校本读本《启航》《足迹》《上善若水》《至善至美》等，对学生养成自觉的道德品行、提高德育的实效性起到了积极的作用。

重视对学生的爱国主义教育、民族大团结教育、感恩教育，抓紧抓细，在大是大非面前坚持原则不动摇。开展志愿者服务活动。开展“献我一份力，校园更美丽”义务清理校园垃圾、美化校园志愿者活动。组织学生开展社会实践活动，突出价值引导，提升爱国主义教育的针对性、实效性。组织学生到教育基地参观、学习和活动，多渠道教育、感染学生，让学生体会到幸福的生活来之不易，要懂得珍惜和感恩。开展祝福祖国系列活动，举行庄严升旗礼、写祝福祖国的心里话张贴在宣传栏上、举行“我为祖国添光彩”的征文活动、举行“我爱您，我的祖国”晚会等。

普宁华侨中学

建构学校文化纲领

［简介］普宁华侨中学，创建于1956年，由华侨、港澳同胞捐资建设，是广东省先行重点侨校，是省、市重点中学，国家级示范性普通高中，广东省一级学校，广东省普通高中教学水平优秀学校。普宁华侨中学正致力于建成“现代化、高质量、有特色、有影响”的一流名校。

在社会主义核心价值体系建设方面，学校注重健全机制，实施到位。

第一，建立全员育人机制。学校校长室、教务处、政教处及各年级组、教研组在社会主义核心价值观教育中做到领导干部率先垂范，模范履职；党团组织争先创优；思想政治理论课教师、班主任示范引领；工会组织团结、凝聚广大教职员工，形成了党政工团齐抓共管、各司其职的良好局面。

第二，建立完善评价机制。学校把社会主义核心价值观教育纳入教育教学督导评估指标体系之中。建立并完善学生社会主义核心价值观考评制度，每学期对学生做出相应的评价，对班级中开展的各项活动进行督查，不流于形式，既检查活动的开展情况，又讲究实效，将学生参加“把一件事做到底”演讲比赛、校歌“让生命精彩”歌唱比赛等活动的成绩作为班级教师和班主任评优评先考量评估的条件之一。

第三，计划目标明确落实。学校按照实施方案具体落实，按照“宣传—总结—反思”的程序落实于德育工作行事历中。做到有计划、有目标，真正把工作落到实处。

第四，增强活动的针对性。学习实践“社会主义核心价值观”教育活动内容有针对性，结合学生实际。活动形式多样，师生喜闻乐见，容易接受，操作简易，富有成效。

第五，着重理论阐释精准性。培育和践行社会主义核心价值观，首先需要对社会主义核心价值观进行科学准确而易于理解的理论阐释，并结合实际转化为学校发展的生长力。在长期的办学实践中，学校不断探索，构建自己的文化体系，形成纲领，形成办学思想系统，这个系统便是学校变革的动力系统，是学校发展的发动机。

第六，致力塑造共同愿景，提炼学校核心文化。学校核心文化需要全体教职工有共同的价值观。学校的核心文化是办学之“魂”。引导师生认同学校发展目标和规划，认同学校追求和发展的价值取向，认同“做一个侨中人”是幸福的。在价值认同的基础上，实践“大智慧管理”“大智慧课堂”和“大智慧德育”。

先进的办学理念是学校精神的传承与升华。侨中创办人方方同志，是党早期卓越领导人，是潮汕最早共产党员之一，其精神永远激励莘莘学子，意义深远。学校建设领导者之一，全国侨联原副主席、杰出侨领庄世平先生，他一生爱国爱乡，热心公益，奉献社会，大爱无疆，其德行与日月同辉。正是这种独特文化浸润生成“和谐发展，卓越创新”办学理念。

“和谐发展”是现代教育思想的核心，是全面发展深层次的体现。苏霍姆林斯基强调：“学校教育的理想是培养全面和谐发展的人。”教育的真谛是让每一个生命精彩。我校奉行的正是促进人和谐发展的教育，是促进每一位学生、每一位教师，甚至家长和社区每一位成员发展的教育。和谐是为了发展、为了让学生健康地学习成长、为了让教师享有职业的尊严和幸福。和谐发展就是要建立起师生之间、学生之间，以及教师之间的民主和谐、尊重理解、沟通交流、互信互爱的伙伴关系。只有和谐发展，学校才能实现可持续发展、生态发展、理想发展，才能真正焕发出永恒的生命力。

“卓越创新”是发展的需要，只有追求卓越，大胆创新，不断改革，提高核心竞争力，才能保持巅峰持续发展。学校要求全体师生每天充满旺盛的斗志，高质量地学习工作；有为进取，做到最优，超越自我，使学校永远占据着发展制高点，永远充满生机活力，走在时代前头。

宣传教育是桥梁。培育和践行社会主义核心价值观，必然需要一个通俗化、大众化的宣传教育过程。学校宣传教育是最为集中和系统的层次，是社会主义核心价值观宣传教育的主渠道与主阵地。加强学习，认真做好宣传动员，让师生充分认识开展教育活动的必要性和重要性，营造浓厚宣传氛围。通过校园广播、黑板报、横幅、对联、文化墙、电子滚动频等手段，在学生中广泛宣传社会主义核心价值观；通过教师自身、教学活动、教学内容以及教学环境，把社会主义核心价值观的显性宣传与隐性引导相交融；通过邀请有关专家解读，培育社会主义核心价值观的丰富内涵；通过专题党课、民主生活会等形式，组织党员干部对照党章要求，联系自身思想和工作实际，讲认识、谈体会、说收获，组织党员教师开展优质课比赛；通过学习园地、座谈会形式，组织教师联系当前工作话体会、谈感受，激励全体教师做社会主义核心价值观的忠实践行者、传播者。

实践运用是目的。培育和践行社会主义核心价值观，关键要使师生能够潜移默化地运用社会主义核心价值观来提升个人的价值观，并自觉转化为行为实践。以主题活动为基础，注重课程渗透，使课堂成为社会主义核心价值观教育的主渠道、主阵地，发挥社会主义核心价值观教育的主渠道作用。坚持“总体融入，结合教材，突出重点”的原则，根据每门课程的特点实现社会主义核心价值观与现有教材的有机融合，实现课堂教学和社会实践的优化组合，不断提高社会主义核心价值观教育的吸引力、感染力、针对性与实效性。发挥中学思想政治教育课程的主阵地作用，紧密结合基础教育课程改革，把社会主义核心价值观的基本内容有机融入高中“思想政治”的德育课程体系之中，将中华优秀传统文化、传统美德、民族精神等内容纳入德育校本课程，让广大青少年在课堂教学中自觉接受社会主义核心价值观的熏陶。丰富教育形式，积极开展社会主义核心价值观主题教育，突出主题教育活动重点。抓住国庆、建党、建校等时间契机，组织开展形式多样、内容丰富的主题实践活动，深化对社会主义核心价值观基本内涵和精神实质的教育。打造主题教育活动品牌，围绕“富强、民主、文明、和谐、自由、平等、公正、法治、爱国、敬业、诚信、友善”这一社会主义核心价值观的核心内容，开展一系列主题教育，逐步形成了学校德育活动系列品牌。确立“把一件事做到底”作为学生的核心习惯，学生一日常规贯穿于每日的行为之中，让学生知道在家、在校的每个时段要做什么，怎样做才能算好、算对，教师要给予详细讲解和耐心教育；开展“中小学弘扬和培育民族精神教育月”；开展“经典诵读——我们的节日”主题队会、班会或团支部活动；组织全体党员干部开展“八个一”活动，即开展一次讨论、撰写一篇调研文章、谋划一个金点子、参加一次公益活动、捐款帮扶一个困难学生、参观一个爱国主义教育基地、阅读一本好书、开展一次谈心活动等形式多样的主题道德实践活动；围绕“讲卫生、讲文明、讲节约”的主题教育活动，将社会主义核心价值观教育融入学生日常教育中；组织开展社会实践活动，开展国情知识竞赛、法律知识竞赛等活动；开展以“树立社会主义核心价值观”为主题的读书、演讲比赛、征文、艺术表演、辩论会等活动。

以各种节日、宣传日、纪念日为契机，组织学生开展道德实践活动，把社会主义核心价值体系融入活动中，如利用“五一”劳动节，开展劳动体验；利用“七七”抗战纪念日、“十一”等纪念日培养学生的爱国情怀；利用母亲节、父亲节、教师节开展感恩教育活动，培养学生服务人民的意识；利用国际禁毒日和全国法制宣传日开展实践活动，增强学生遵纪守法的观念；通过各年级考试纪律教育，培养学生诚实守信的美好品德；通过组织学生假期社会调查等实践活动，加深学生对社会主义核心价值体系的认识和理解；召开家长会，与家长们一起学习《家庭肩负着教育孩子学习和践行社会主义核心价值观的重任》，围绕什么是社会主义核心价值观、培养和践行社会主义核心价值观的重要意义、家庭肩负着教育孩子学习和践行社会主义核心价值观的重任、家庭如何教育孩子学习和践行社会主义核心价值观四个方面引导家长共同学习讨论，展开交流，让社会主义核心价值观深入社会、深入课堂、深入每个家长和学生的头脑中。

开展“学先进典型，向先进看齐”争先创优活动。深入挖掘身边典型，开展树典型、学典型活动，通过揭阳广播电视台“七一”期间推出的《时代先锋》系列报道，宣传我校教务处主任、普宁市优秀共产党员黄旭东同志的先进典型事迹；邀请我校师德楷模、广东省优秀班主任张优朋老师在普宁市教育系统2014年“立德树人”专题报告会上讲学习心得、践行事迹，同时，通过教师节表彰一批“岗位能手”“德育能手”“师德标兵”“优秀教师”，在教育系统中形成人人践行社会主义核心价值观、人人争做典型的良好氛围。

以制度运行为保障。理论的切实运用需要以制度作为保障，培育和践行社会主义核心价值观，需要以制度运行贯穿其中。管理的目的就是解放教师和学生。我们以人为本、实施高效管理，建立完善的管理体系，形成自己的管理风格和制度文化，实行块状扁平化管理，即领导驻级、以年级组管理为主的改革，每个年级组分别由一位副校长和教务、政教各一位主任负责，每个年级设有3位年级组长，驻级领导对本级德育和教学全面管理，实现短、平、快目标，大大提高管理效率。制定《普宁华侨中学管理制度汇编》，涵盖60多项管理规章，有教学质量目标、德育目标和后勤管理目标等，有教研组长、年级组长和备课组长绩效考核办法等。

以文化发展为依托。精心培植学校文化，已基本形成气象和格局，“大气”“阳光”“爱国”“梦想”是侨中文化发展的关键词。

大气文化：大气是一种高度，是一种格局。侨中办学56年来培养了大批社会精英，人才的培养和发展高度成为普宁之最。学校人文环境配置起点高、品质高，校门设计及校园规划充分体现了文化的高度和宽度，校园中的庄世平博物馆体现了学校文化的深度，还有校歌、校报等都凸显了学校文化的高品位。大气更体现在师生的思想、行动与情怀上。大气成就大器。我们要求师生：做人做事要有高度、远见和包容心。应具备大气修养，做到锐气藏于胸，和气浮于面，才气见于事，意气施于人。

阳光文化：阳光是生命的根源。蒋开儒说，一踏进侨中就感到一股全新的气息，一切都是新的，到处都有阳光的味道。林格教授说，绝大多数孩子从幼儿园到初中几乎无一例外地心灵或多或少受到伤害，他指导侨中重构德育。学校对高一级学生进行阳光教育，让进入侨中的每一个学生心灵重新得到洗涤净化。让阳光照进校园，照进学生的心间，使整个校园充满阳光，师生展现阳光的笑脸、都有阳光心态，让每一个生命都绽放光彩。

爱国文化：侨中是著名侨校，校友遍布世界各地，他们情牵母校，爱国爱乡。校园里的一草一本、一砖一瓦都饱含侨胞的深情。杰出侨领庄世平先生爱国爱乡，大爱至上。如今庄世平博物馆是青少年爱国主义教育基地和广东省统一战线基地，是海外侨胞、港澳同胞和社会贤达感恩奉献，报效国家的桥梁，这是侨中特有的“自强、自豪和奉献”爱国文化。爱国的背后就是社会责任，有责任就会有担当。

梦想文化：梦想是一种世界观，梦想文化是培养杰出人才的关键。校歌中“走进来，每一双眼睛都充满期待；走出去，每一个生命都放射光彩”寄托着学校的梦想。每天上下午第1节课上课前学生大声喊一声本班核心口号，彰显着班级的梦想。侨中的师生都胸怀大志，勇于进取，追求梦想，憧憬未来，不断接受新的挑战，不断激发生命潜能，不断超越自我。

立足“侨”文化载体，弘扬“侨”文化，传承“侨”文化。普宁华侨中学创办之初是由华侨捐资，与“侨”为缘，学校的建筑大多都留有华侨印记。学校56年发展历程，见证了海外侨胞浓厚的桑梓情结和家国情怀，“侨”便是学校文化之根。许多香港同胞、国内社会贤达捐资支持侨中建设，其行为都是一样在奉献社会、兴学育才。学校在规划建设时尽量保持原有建筑或风格，在师生教育引导上始终围绕“爱国爱乡”的优良传统，与新加坡、泰国、香港学校开展交流。目前，侨中正拟建华文学校，为第三代、第四代华人提供学华文场所。“侨”文化需要传承，发扬光大，不能割裂，更不能抛弃。校园里庄世平博物馆是潮汕人民为纪念杰出侨领庄世平先生，展示庄老一生奋斗历程和丰功伟绩而建的纪念馆，这在全国中小学中都是独一无二的。博物馆展出庄老奉献社会、热爱家国的重要史料，成为海内外交流、联系的桥梁。学校校史室也设于庄世平博物馆内，使校友爱校、感恩师长的热情与爱国爱乡的情感有机融合。庄世平博物馆是中国侨联爱国主义教育基地和广东省统一战线基地，是侨中丰富的教育资源，是最具文化承载力之处。自2010年3月落成以来，已先后接待澳大利亚、泰国、新加坡等海外侨胞、港澳同胞、各界人士和师生总计4万多人次。

开展独具特色的诗教，弘扬国粹，诗化校园。在诗教成功基础上增设诗词格律讲座，全面诗化校园，成立“侨青诗会”，定期出版《侨青诗苑》，请名家来校开诗词讲座，组织“侨青诗会”成员走出校门。诗教活动是校本课程的一大亮点和特色，丰富了课程内涵。学校被评为全国校园诗教先进单位和“弘扬国粹，诗化校园”广东省先进单位。《侨青诗苑》被中华诗词学会收进《中华诗词五百家》。除此之外，侨中还有完整的课外活动体系。主要有科技、文艺、读书和社会实践等活动，有文学社、演讲学社、绿色协会、排球、美术、书法、音乐等近60个兴趣小组。

湛江市坡头区第一中学

劝学文化助力社会主义核心价值观教育

［简介］湛江市坡头区第一中学成立于1985年，是坡头区的重点中学，广东省一级学校，先后被评为“湛江市文明单位”“湛江市双优学校”“湛江市高考先进单位”，现被列入湛江市建设省示范性高中计划。曾获湛江市“遵纪守法重约守信模范单位”、广东省“依法治校示范校”、广东省“德育示范学校”、湛江市“特色文化校园”称号。

围绕社会主义核心价值观的主题，加强校园文化建设。学校以劝学文化为主题，加大投入，先后筹建了劝学厅、劝学园，与早前建造的劝学亭相呼应，形成了颇具特色的劝学文化，陶冶学生的心灵，并与中国梦相联系，构筑社会主义核心价值观的精神支柱。

开展培育和践行社会主义核心价值观为主题的国旗下讲话活动。利用每周一的升旗仪式，由学校团委组织安排，以“富强、民主、文明、和谐、自由、平等、公正、法治、爱国、敬业、诚信、友善”24字社会主义核心价值观作为国旗下讲话的主题教育内容，每周一主题，向全体学生发出倡议。

开展培育和践行社会主义核心价值观主题班会活动。根据学校的实际，以班级为单位，积极组织全体学生开展形式多样的主题班会活动，让学生理解“富强、民主、文明、和谐、自由、平等、公正、法治、爱国、敬业、诚信、友善”的社会主义核心价值观的内涵。号召学生们在成长成才的过程中，养成良好的道德行为规范，既要做中华传统美德的传承者，也要做社会主义核心价值观的践行者，长大后成为有担当、有责任感的社会栋梁。

开展培育和践行社会主义核心价值观主题演讲、征文活动。围绕社会主义核心价值观，由学校德育处牵头，学校学生会组织开展“中国梦　我的梦”主题演讲比赛和征文活动，引导全校学生学习理解习近平总书记对“中国梦”的深情阐释，畅想民族复兴“中国梦”的光明前景，激发学生们树立远大理想，为实现中华民族伟大复兴努力奋斗。演讲活动采取初赛和复赛的形式，并进行评选表彰。选送 15 篇优秀文章参加湛江市教育局组织的“中国梦　我的梦”征文比赛。

开展培育和践行社会主义核心价值观主题手抄报活动、学雷锋志愿服务活动。学校还结合传统节日、重要节庆日等开展传统文化教育活动，如以培育和践行社会主义核心价值观为主题，在清明节、端午节、中秋节等中国传统节日，以及在其他重要节庆日期间，积极组织学生开展“我们的节日”主题教育活动，着力引导学生认知传统、尊重传统、继承传统、弘扬传统，增进学生爱党、爱国、爱社会主义情感，增强民族精神的感召力和亲情的凝聚力。学校后阶段还准备举办学生道德模范典型事迹报告会，大力宣传学生身边道德典型的感人事迹，在校内形成学习模范、争当模范的浓厚风气，积极弘扬社会主义核心价值观。

惠阳崇雅中学

以语文综合学习为载体开展社会主义核心价值观培育

[简介] 惠阳崇雅中学创办于 1889 年，初名崇雅书院、崇雅学堂，1927 年开办初中，1949 年增设高中。崇雅中学是北伐名将叶挺将军、国民革命先驱邓演达先生的母校，素有“东江革命摇篮”的美誉，是广东省一级学校，国家级示范性高中。

惠阳古称归善，为惠州十属之首，至今保存着极为丰富的历史文化资源和红色文化资源，如广东历史文化街区淡水老城、全国爱国主义教育基地叶挺纪念园、新民主主义革命时期东征军旧址崇雅书院楼等。作为广东省内为数不多的百年老校之一，崇雅中学地处惠阳淡水老城区内，浸润了惠阳悠久的历史文化，被称为惠阳教育的“活化石”；同时，崇雅中学又具有悠久的革命传统，革命志士叶挺、邓仲元、邓演达等均在崇雅就读过。依托语文综合性学习课程，以惠阳历史文化、红色文化为载体，学校开展社会主义核心价值观培育活动。

以语文学科为龙头，以语文综合性学习课题研究为引领，组织全校七年级至九年级分年级分主题开展，一个学年一个主题，一个主题分多个专题，每个主题都围绕一条活动主线，开展多个环环相扣、层层推进的小专题综合性学习活动，形成“一线多题”语文综合实践活动和社会主义核心价值观教育相融合的新范式。

七年级举行“惠阳历史文化之旅”主题语文综合实践活动，以“穿行惠阳历史街区——寻访惠阳传统文化”为活动主线，开展“找、排、考、访、辨、探、查、描”八字专题综合实践活动。找历史街区。通过到惠阳图书馆、文化馆、上互联网、上街采访等方式，查找惠阳历史街区总计180多处，并进行了分类整理。排历史街区。从惠阳历史街区中，精选出淡水老城墙、水巷街、崇雅书院等8处，进行知名度的排行调查。考街名由来。组织学生考察淡水老城等共8处街区得名的由来，并整理出《淡水老街名字由来》的报告。访淡水街坊。进行为期近一个月的入户采访，将老城的客家家训文化、耕读文化等整理出来，形成《淡水街坊采访录》。辨功能分区。在实地考察中明确被誉为“千年圩市”的淡水老城具有政治、行政、经济、文化、教育等十分齐全的城市功能。探文化特色。深入探讨淡水老城蕴含的经贸文化、渔盐文化、客家文化、家训文化等充满传统文化特色的文化内涵。查保护现状。在对每个街区的房子结构、街道长宽、商铺类型、居住人口、完好状况等进行调查统计后，形成《老城保护现状报告》。描未来愿景。通过设计和制作、联想和想象，描绘出淡水老街和淡水新城和谐发展的城市前景，充满和谐气息。

八年级举行“惠阳红色文化之旅”主题语文综合实践活动，以“走近红色文化——走进惠阳红色文化”为活动主线，开展“查、找、听、说、读、写、唱、观、访、悟”十字专题综合实践活动。查——“惠阳红色文化知多少”问卷调查。3 年连续开展问卷调查，共向同学们发放了 5 000 多份问卷，数据的科学分析为活动方案的制订提供了第一手宝贵资料。找——红色文学、影片、歌曲、网站、报刊等。通过查找各种红色文化资源，并建立了《红色网站电子杂志》，供同学们在网上查阅。听——红色经典读书报告会。语文科组织骨干教师开设红色经典读书报告会，在校园定期举行，还通过学校广播站播出，同学们反响热烈。说——红色经典读书交流会。划定初中必读名著及语文教材中的红色篇目，组织学生在课堂畅谈读书体会。读——阅读和诵读红色经典诗文。开展红色红典诗文诵读比赛，将优秀诵读作品录制成音频，在校园广播站播出，营造氛围。写——红色诗文书法及读后感征文比赛。优秀作品颁奖并公布，掀起全校范围的红色诗文“读写效应”。唱——唱红歌及唱后感征文比赛。唱红歌，写体会，使唱红歌活动具有浓浓的语文味。观——观看红色电影《建党伟业》。组织全校观后感征文，将优秀作品用展板在各班流动展出。访——踏访惠阳红色八景。“读万卷书不如行万里路”，3 年组织踏访红色旧址 4 次，足迹遍及惠阳最著名的“红色八景”。悟——感悟惠阳红色文化。组织红色摄影、红色手抄报、红色节日（清明节、建党节、国庆节）征文等比赛，抒发感悟。

九年级举行“中国梦　我的梦”主题语文综合实践活动，以“畅谈中国梦——畅想我的梦”为主线，开展“听梦、读梦、说梦、写梦、圆梦”五个专题综合实践活动。听梦——听“中国梦　我的梦”。邀请惠州学院安贞元教授作“中国梦——与人生对话”主题报告，以及请考上高等院校或事业有成的崇雅优秀学子讲述人生故事。读梦——读“中国梦　我的梦”。通过阅读活动，进一步了解中国梦，了解名人励志奋斗成才的故事，点燃同学们追求梦想的火花。说梦——说“中国梦　我的梦”。举行“中国梦　我的梦”主题演讲会，让国家与个人的梦想在激情演讲中，迸发出青春的火花，带来学习的干劲和无穷的力量。写梦——写“中国梦　我的梦”。举办“中国梦我的梦”笔会，征集同学们的美文，评出奖项并展示出来，营造浓浓的追梦氛围。圆梦——圆“中国梦　我的梦”。举办九年级毕业会，同学们用微视频等形式，尽情抒发对祖国、家人、老师、同学、母校的眷恋与美好祝愿。

学校创新了社会主义核心价值观与学科教学相融合的形式。培育活动与语文综合实践活动、青少年科技创新实践大赛结合，在活动中巧妙渗透德育，荣获惠州市教育科研成果一等奖，广东省青少年科技创新实践活动大赛二、三等奖、广东省中小学教育创新成果奖一等奖第一名、全国综合实践活动优秀案例一等奖。

初中三个系列主题活动环环相扣、层层推进，不但丰富了学生的课余生活，提升了学生的思想境界，点燃了同学们的爱国热情，而且让师生进一步深刻体验了中华优秀历史传统文化，认识到新中国的来之不易，使核心价值观教育深入人心。

东莞中学松山湖学校

依托学生社团活动培育与践行社会主义核心价值观

［简介］东莞中学松山湖学校于2005年开办，是东莞市教育局直属公办学校，地处松山湖高新区科教区。学校承接东莞中学传统，融合现代教育理念。

良好的学生社团组织与健康的社团活动有利于营造潜移默化、润物无声的社会主义核心价值观教育氛围，及时印证和升华学生对社会主义核心价值观的认知，培养学生践行社会主义核心价值观的实践能力。

东莞中学松山湖学校现有四大类、共30个学生社团，在学校的统一指导下，既为社会主义核心价值观成为学生的自觉意识和价值信仰提供了有效路径，也为学生践行社会主义核心价值观提供了重要场所和阵地，成为社会主义核心价值观教育的重要隐性课堂。

坚持以理想信念教育为核心，让社会主义核心价值观在学生心中萌芽。心正而后身修，学生对社会主义核心价值观的认可，是其自觉内化于心、外化于行的前提基础。学校依托松山湖青年团校、法学社、史学社等理论学习型社团，开展主题教育报告会、时事专题讲座、专题讨论会、“重走东纵路”夏令营等活动，引导学生更加自觉坚持社会主义核心价值观，进一步增强历史使命感和时代责任感。松山湖青年团校连续4年参加“重走东纵路”夏令营活动，穿上迷彩服，背上行囊，沿着东纵英魂的足迹前行，进行军事训练，传承东纵精神，接受爱国主义教育。史学社通过出版每月一期的《春秋月摘》报纸和开展成员心得交流活动，自觉学习、研究、宣传、实践马克思主义理论，政治觉悟和思想认识水平不断提高，所以被同学们形象地称为“红色社团”。法学社已经连续10年举办学生模拟法庭活动，通过学生自己搜寻案例，角色扮演，模拟庭审现场，弘扬法律精神，培养知识产权保护意识。

发挥校园文化熏陶和感染作用，潜移默化中传播社会主义核心价值观。辨物正言、学会筛选、正确抉择，是实现中学生社会主义核心价值观教育认同的关键。中学生处于价值观逐渐形成和逐渐固化的阶段，容易受多元信息和文化的影响，多元信息和文化给社会主义核心价值观教育带来了挑战，在众多的信息和文化资源中，学生容易产生多元价值的冲突和矛盾，产生判断困难和选择困难。因此，学校学生社团积极开展一系列健康有益的校园文化活动，帮助同学们增强自身明辨是非的能力，树立正确的世界观、人生观和价值观。例如，学校现有兴趣爱好型社团18个，它们积极开展各种丰富多彩、喜闻乐见的文艺娱乐、体育健身类活动，在校园谱写着青春和智慧的华美篇章，也让核心价值观变得通俗易懂，入脑入心。绿尚社开展环保漫画创作比赛，彰显“和谐”的意义；书画社为全校师生书写春联，在书写汉字的过程中渗透“爱国”的理念；DIY社开展“诚信手环”编制活动，将“诚信”这一抽象的道德概念变为具体化生活化的形式；电影社的同学拍摄了《梦想不息》校园微电影，学生和教师自创、自编、自导、自演，并通过观看微电影进行深入探讨，主动参与、乐于参与，使之成为展现自我、传播信念、提高教育效果的舞台；在如何正确对待网络信息和各种新兴媒体的问题上，校辩论社的同学先后组织了“网络安全，自律和他律哪个更主要”“网络令人更亲近还是更疏远”“松湖贴吧，利大于弊还是弊大于利”三场全校性的辩论赛，在论辩中同学们学会辩证地看待网络，自觉地规范自己的网络言行，对减少网络不道德行为，增强网络舆论引导，营造能够发挥正能量的环境系统发挥了重要的作用，更感受到了“自由”“文明”的价值；模拟联合国社团将社会主义核心价值观融入社团活动中，学生的爱国意识、公民意识有了明显的提高，在民主科学的宏观视野和公正法治的思维模式等方面取得明显进步；街舞社和音乐社的同学们更是独具创意地设计了“青春快闪·我为社会主义核心价值观代言”的活动。

学校团委坚持“感悟优秀人生、正己修身成长”的活动宗旨，举办了“松湖之约”校园人生分享会活动。活动完全由学生独立组织策划，学生设计海报、摄影和摄像、撰写新闻稿，学生自主邀请学校师生、家长和社会精英人士主讲，摒弃生硬的灌输和老套的讲演方式，用各具特色的角度、最平实的语言交流分享经历与感悟，让主讲的人和聆听的人共同成长。

学校通过灵活生动的体验教育，把社会主义核心价值观渗透到学生生活中。笃实正行，是社会主义核心价值观教育的追求和归宿。中学生正处于价值观形成的培育期，思想观念趋于形成，对社会价值认识、价值体验乃至价值情感的认识一旦被其通过社会实践所证实，就会由感性的价值认知内化为理性的价值认同，因此社会实践是中学生对社会主义核心价值观接受、认同、深化的一个过程。坚持教育和实践相结合，要求教育者立足于社会实际情况，立足学生的思想实际，发现、解决学生的新情况、新问题，在解决实际问题中培育学生的社会主义核心价值观。

学校青年志愿者协会秉承“呼唤爱心、传播爱心、奉献爱心”的精神，以服务校园、关心老人、守望同伴等主题开展了一系列公益服务的志愿活动。作为东莞市志愿服务先进组织，学校青年志愿者协会连续 6 年前往大岭山敬老院开展爱心敬老活动，他们自制小礼品，与老人们聊天嘘寒问暖；连续 6 年前往长安镇向日花儿童康复中心探望自闭症和聋哑儿童，志愿者们精心设计了绘画课程、“装石子”课程、体育活动和音乐课，带给特殊儿童关爱的同时，也感恩自己的幸福，并积极动员身边更多的人给予特殊儿童更多的关注；连续 6 年开展校园爱心义卖活动，筹得善款 20 余万元，全部捐给了校内外贫困的同伴，帮助他们完成学业；同时，连续 6 年每年组织 50 名学生志愿者，先后前往韶关市新丰一中、韶关市新丰三中、清远市英德大湾青坑学校开展为期2天的“火红的青春——牵手青坑助学行”社会实践活动，深入粤北山区了解、体验当地学生的学习和生活状况，开展牵手助学活动。志愿者们带去了义卖筹得的善款，帮助了50名贫困学生，还带去了大量的书籍和文具，先后资助捐建了1个图书室和1个活动室。志愿者们在深入细致地了解了粤北山区学生的学习、生活状况后，都被当地学生物质上的匮乏和精神上的丰盈所震撼。返校后，每一位学生都撰写了活动心得体会，交流了活动感受。他们还将这次经历和感受写成国旗下讲话、出版专题校报向老师同学们做了详细的汇报。志愿者们在不追求任何物质报酬的情况下，自愿贡献个人力量，为推动人类发展、社会进步和社会福利而提供的服务，有效激发了学生的爱国情怀、培养了敬业精神、树立了诚信品质、培育了友善品德，培育和践行了社会主义核心价值观。志愿者组织走出课堂，走出刻板的理论框架，避免了空洞的说教，把社会主义核心价值观的理念变成具体的实践行动，在社会实践中理解了人生的意义，感受了人生的价值。

学校在社会主义核心价值观的教学活动中，依托学生社团活动这一载体，根据中学生的身心特点和成长规律，尊重教育认同主体的差异性，使教育内容更加具象化，润物无声地帮助中学生对社会主义核心价值观形成从具体到抽象，从感觉到思维的认识，再通过具体言行逐步升华到对价值观的整体把握，让广大青年学生将社会主义核心价值观内化于心、外化于行。

广东省商业职业技术学校

传承创新“商道文化”特色　践行社会主义核心价值体系建设

［简介］广东省商业职业技术学校是直属广东省教育厅领导的公办全日制商贸类国家级重点中职学校，创办于1951年。学校坐落于广州市风景秀丽的珠江河畔，校园环境优美。自1994年以来被评为“文明校园”，2010年学校被广东省人民政府授予“广东省职业技术教育工作先进集体”称号，2013年被广东省教育厅命名为“广东省德育示范学校”，

2014 年被广东省委宣传部、省文明办授予“培育和践行社会主义核心价值观示范点”称号。

学校坚持把立德树人作为根本任务，深入开展社会主义核心价值观教育，努力把社会主义核心价值观渗透于教育教学的各个环节，贯穿于学校工作的各个层面，引导学生掌握社会主义核心价值观的主要内容，自觉转化为日常行为准则和奉行的人生信条。大力挖掘校园文化中蕴含的社会主义核心价值观相关内容，把社会主义核心价值观与学校独具的校园文化传统“商道文化”有机结合，融入学校各个层面，这种做法成为学校独具特色的建设经验。

“商道”顾名思义即从商之道，是商务活动的技巧和方法的集成，是商界的谋略与学问，是商务活动的内在规律和规范法则。而商道文化则是在商业活动过程里形成的关于商业活动、从商人士及其影响到的各种社会关系的理念、规则和价值体系。“诚商、敬业、笃学、爱校”的校训是学校商道文化的核心，它是爱国、敬业、诚信、友善的社会主义核心价值观在学校的具体化。从商之道，永远是在竞争与合作中平衡发展，成功的商人往往立足长远，在双赢的基础上实现自身的发展；只有共赢或多赢，才能实现财富的均衡流通，使整个社会充满和谐的旋律。

从 2010 年开始，学校实行学部制管理，每个学部打造特色学部文化。例如，财经会计学部的“财道”，即“诚信做人，不做假账”；商贸物流学部的“业道”，即“吟弟子规，做忠孝人”；外语外贸学部的“礼道”，即“知书达礼，儒雅兼修”；艺术设计学部的“艺道”，即“设计生活，陶冶情操”，进一步丰富了“商道文化”的内涵。

在校园环境建设方面，学校着重拓展楼宇的宣传空间，营造浓厚的商道文化氛围。完善课室文化条件，推动班级文化建设；挖掘文化宣传阵地，优化校园育人环境；建设校史展览馆和书道社，打造“校园八景”，提升商道文化内涵。搭建感恩平台，倡导爱校、爱国文化。

在校园文化活动方面，学校打造商道文化活动品牌“三讲一团”，强化德育效果。国旗下讲话，成为师生文化交流和自我教育的平台。学校根据教育需要统一安排国旗下讲话的内容，讲话人可以是学生、班主任、校领导，也可以是专区民警。校友大讲堂，构建典型引领的德育，积极尝试将优秀企业文化融合并贯穿于学校教育教学和管理服务的全过程，发挥优秀毕业生的引领作用，坚定学生成才的信心。班主任讲班会课，通过班级企业化管理模式创新、班主任讲班会课、校歌和班歌比赛等活动强化班级文化建设，进行集体主义和爱校教育。社团组织，有计划有目的地指导国旗队、礼仪队、歌舞队、快乐超市、企业沙盘竞赛队等社团开展活动，统一进行“我的团长我的团”评优活动。开发“三讲”校本教材，将国旗下讲话、校友大讲堂讲稿、主题班会课教案进行整理，汇编成册交流使用。

在体系建设方面，通过“三化一合”建设系统提升广大教师基础能力。包括一体化——做、教、学一体化；德育、技能一体化；信息化——课件和资源库开发、网络利用、仿真模拟；科学化——专业和课程改革、教育教学项目研究；校企联合——合作精神、企业实践、合作项目开发，完善制度、体制配套。为了适应学校新一轮发展，出台了一系列制度，如专业带头人竞聘上岗制度、星级班主任制度、专任教师下企业实践制度、学生到各行政部门岗位体验制度、教育教学奖励基金实施方案等。学校实行学部制管理模式探索，将教学与学生管理的重心下放到以专业群为基础组建的专业部，明确各职能部门和专业部的责、权、利，充分调动各部门的积极性，为教育教学提供科学有效的支持。重点建好班主任、骨干教师、专业带头人、中层干部四支队伍。创造一切可能的机会，在培训、竞赛、考查、企业实践、公开课、课题研究等方面向四支队伍倾斜，促进他们的成长。

在行为文化养成方面，注重通过校园精神文化浸润社会主义核心价值体系的理念，通过校训、校徽、校歌的征集，促进师生精神信念和价值观认同的形成。

在学生的教育过程中贯穿“复杂的事情要简单做，简单的事情要认真做，认真的事情要重复做，重复的事情要创造性地做”的理念并指导学生付诸实践。倡导外圆内方，和而不同的和谐文化。

广东黄埔卫生职业技术学校

德能教育理念引领核心价值体系建设

［简介］广东黄埔卫生职业技术学校，成立于1989年，是一所省属卫生类公办院校。学校设有大专和中专两个部分。中专开设护理、康复技术、药品营销等六个专业；大专开设高级护理专业，在校学生达3 000多人。学校已逐步形成多层次、多规格的办学格局。

学校以“行孝、感恩、奉献、利他”校训为核心内容，坚持“德能为先，一专多能”，坚持体现职业教育特色，形成有职教特色、高水平的学校德育模式，在培育和践行社会主义核心价值观方面，取得了突出成就。学校德能教育理念得到社会广泛认同，还编写出版了有关德能教育的一系列教材和有关资料。

学校认为，“德能”即道德的能力和能量，做人做事的观念和能力。是奉献社会、成就人生的根本。德能教育，是做人做事观念和能力的教育，是明白人生真理，提升道德素质及做人做事能力的教育，是以培养学生热爱中国共产党、热爱祖国、热爱人民，为实现共产主义理想信念而忘我工作、无私奉献为目标的教育，是开发和汇聚大众和社会正能量的教育，是为实现中华民族伟大复兴“中国梦”和共产主义事业忘我工作、无私奉献的教育。

德能促进技能，技能离不开德能。德能教育着重研究如何发挥个人主观能动性，将良好的个人品德转换成精湛娴熟的技能服务于社会，又以精湛的技能促进自身品德修养的不断提高，奉献社会，实现人生价值。

为加强青少年学生社会主义核心价值观教育，需要让学生了解和掌握社会主义核心价值观的基本内容和实践要求，在思想感情上认知认同，在学习生活中遵循践行，培养学生正确的文化观念和价值取向，培育学生的民族自豪感和爱国爱乡情怀，使社会主义核心价值观深深融入未成年人的思想意识、精神世界和学习生活之中。黄埔卫校坚持将社会主义核心价值体系融入学校教育教学的各个环节，坚持创新内容、创新形式、创新手段，提高德能教育的时效性，创建富有特色的教育模式。

提高认识，把社会主义核心价值体系内化为学校德育工作的核心要求。通过宣传、讲座和会议学习，让师生知道社会主义核心价值体系的内容包括马克思主义指导思想、中国特色社会主义共同理想、以爱国主义为核心的民族精神和以改革创新为核心的时代精神。育人为本，德能为先。学校不仅是教书育人的主要阵地，而且承担着培养社会主义建设者和接班人的重任，所以，要用社会主义核心价值体系武装师生头脑，让社会主义核心价值体系的内容成为德能教育的重中之重。

充分发挥教师的主体作用。为此要抓教师的培训，促进全员能力的提高。首先要开展社会主义核心价值体系培训。为了让教师对社会主义核心价值体系有更深刻的理解，学校统一安排给教师进行讲座，围绕为什么要在学校开展社会主义核心价值体系教育，怎样开展社会主义核心价值体系教育，社会主义核心价值体系教育的内容等进行讲解。学习党的十八大报告、党的教育方针、《邓小平文选》等，通过学习，让教师们大开视野，提高理论水平，激发和鼓舞教师们的工作热情。其次要开展德能教育研讨培训。定期对全校教职工进行德能教育理论讲座，不断提高全体教职工对德能教育的认知。开展德能教育研讨会，在教职工之间形成良好的理论研究与交流氛围。最后还要开展班主任培训。每学期都规划和落实班主任培训的方案，组织班主任论坛，通过培训交流等方式不断提高班主任自身理论水平，加强对德能教育重要意义的认知，提高班主任在教育、教学和管理中贯彻落实德能教育的能力。

参加课题研究，提升德能教育理论水平。黄埔卫校先后申报了广东省中等职业学校德育科研课题“中职学校‘德技并重，德能为先’的研究”和“中职学校德能教育模式研究”等，并得到广东省教育厅思想政治处和广东省中职德育研究与指导中心等上级单位的高度评价。

充分利用课堂教学，融入社会主义核心价值体系教育。广大教师深入研究教材，在传授知识技能的基础上，恰当地、有的放矢地进行社会主义核心价值体系教育。社会主义核心价值体系教育能有效地指导教师们以科学发展观为指导，注重以人为本，把立德树人作为教育的根本任务，深入学生中，巧妙地根据不同对象有针对性地采取不同的方法进行教育。

学校采取多种形式，使社会主义核心价值体系教育入心入脑。

加强学习，使社会主义核心价值体系深入学生心灵。学校除按照省教育厅对于中职德育课的要求，认真开展“职业生涯规划”“职业道德与法律”“经济政治与社会”“哲学与人生”“心理健康”等德育课程的教学工作外，为了更好地践行社会主义核心价值观，弘扬中华优秀传统文化，根据德能的内涵及教育的培养目标，还开设了德能基础课程，包括“德能教育概论课”、经典课堂“弟子规”、“形体与礼仪”、感恩歌曲课等。

为了让学生能更深刻地领悟德能，能在日常生活中践行德能、提升德能，学校配套开设了相应的德能提升课，主要有“德能成就人生”课、行孝感恩课、奉献利他课、谦恭有礼课、严谨慎独课、诚实守信课、仁爱课、学文课、爱国教育课、责任意识课、忍辱课、磨砺课、生命教育课、礼敬圣贤课等15个课堂，由德能教育老师根据各专题进行课堂设计，课堂中可模拟各种引人深思的情景（视频、故事等），让学生体验感悟，触动学生内心深处，激发、升华情感，最后付诸行动。通过开设这些课程，让学生汲取中华经典的同时提升个人德能，培育和践行社会主义核心价值观。

同时，学校充分发挥课堂主阵地、主渠道作用，要求所有学科都要落实情感态度价值观教学目标，有计划地从不同角度贯穿和渗透社会主义核心价值体系教育，各科任教师要努力把握课程的知识体系，深刻认识课程的内在规律和育人价值，把各门课程蕴含的社会主义核心价值体系教育资源充分开发出来，使学生在课堂学习的过程中受到教育。

创设社会主义核心价值体系教育的浓厚氛围。打造文明校园，营造良好的育人环境。学校对校园文化进行精心设计，将“十德”“八规”“弟子规”“二十四孝”“二十四悌”“中华圣贤”等内容都张贴在墙壁上。“让每一块墙壁都说话，让每一寸土地都育人”。同时为了更好地创造育人环境，将名人名言、名言警句都粘贴在每一个阶梯上，使学生每走一步都能耳濡目染到经典的名言警句。在校园设立了孔子雕像，开展礼敬孔子，瞻仰孔子像的活动。学校利用板报、宣传栏等媒介体现社会主义核心价值教育的理念。

发挥媒体作用，拓展校园教育空间。学校利用校园广播定期播放符合社会主义核心价值观的经典歌曲和文章。通过德能教育实践活动，学校进一步深化社会主义核心价值体系教育。

开展内容丰富，灵活多样，生动具体的社会主义核心价值体系的教育活动，坚持贴近学生实际原则，用生动的事例、经典的故事、丰富的活动把社会主义核心价值体系教育有机地融入教育的全过程。

爱国主义教育。除了每周一学校会进行庄严的升旗仪式，通过国旗下演讲进行爱国主义教育外，学校还利用地点之便，开展参观黄埔军校、清明扫墓等活动，对学生进行爱国教育。通过实地参观，让学生接受课堂之外、学校之外的革命历史教育，学生的感受更加深刻。学生怀着崇敬、感恩的心去参观军校、缅怀革命烈士，这样的爱国教育让他们更懂得珍惜今天来之不易的幸福生活，更爱自己的祖国，更愿意为国家的建设贡献自己的力量，培养责任意识和为国担当的胸怀。

以孝道感恩为入手，以“孝道”作为突破口，引导学生学会感恩，从感恩父母开始，感恩身边的人，感恩一切。“一个孝字全家安”，家庭是社会的最基本的细胞，是最重要、最基本、最核心的社会组织。和谐的家庭关系，是社会稳定发展、国家稳定发展的基石。对学生开展孝道教育，有利于促进亲子关系，促进家庭和谐，促进社会和谐。新生教育中，着重开展孝道感恩教育，引导学生孝亲感恩。

以《弟子规》为抓手，积极弘扬中华优秀传统文化。通过早读课 10 分钟诵读《弟子规》、晚自习书写反思日记，让学生从诵读中领悟，在反思中检查自己的不足，并加以改正，进一步提升自身德能。组织舞蹈、体育老师以《弟子规》为蓝本，自编自创集德、智、体、美为一体的《弟子规》韵律操，开展《弟子规》韵律操比赛，开展《弟子规》诵读比赛、演讲比赛，开展《弟子规》宿舍文化比赛。

培养学生敬业精神。组织学生外出义诊。每学期组织学生到长洲街开展义诊活动，让学生通过自己的技能和爱心，帮助更多的人，践行仁爱教育。开展爱心义卖活动。每年由校团委开展爱心义卖活动，倡导学生拿出自己心爱的物品、手工品等进行义卖，并将义卖的钱捐到爱心基金，帮助有需要的同学。爱心义卖活动可以培养学生的奉献精神和社会责任感。培养学生助人为乐的精神，让受帮助的人感受到同学间的情谊，感受到人间的温暖。开展诚信宣誓签名活动。每年3月是学校的“诚信活动月”，在校园号召同学们“诚实守信，知行合一”，举行诚信宣誓签名活动，在千人宣誓中，学生们发誓诚信待人，不虚伪；诚信做事，不推诿；考试不作弊，作业不抄袭，上课不迟到等。通过这种仪式感强的活动，震撼同学们的心灵，增强学生的诚信意识。每年3月号召“学习雷锋见行动”，并将此活动常态化，组织学生参加美化长洲街活动，力所能及地帮助他人，营造“友善、和谐”氛围，也让学生从中学会奉献利他。

通过礼仪教育，塑造学生良好形象，提升学生的综合素质。新生入学前教育中，开展礼仪培训大课堂，让学生明白我校礼仪要求，对礼仪规范形成感性认识，并从入学后开始做起，逐步养成鞠躬、行礼、问好的良好习惯。通过礼仪值周活动，强化礼仪训练和习惯，让学生从谦恭有礼的氛围中感受礼仪的魅力。以班级为单位，开展每两周一次的礼仪之星评比活动，通过在班上树典型，以点带面，影响和感染更多的同学，时刻做到学校礼仪规范的要求，提升学生的综合素质。通过开展礼仪大赛，由各班推荐在礼仪方面起表率作用的学生参加比赛，在校园里形成明星效应，让更多的学生重视礼仪，践行礼仪规范和要求。

东莞市机电工程学校

“十字训”养成体系

[简介] 东莞市机电工程学校创建于1994年，是东莞市教育局直属的公办国家级重点中等职业学校，现有师生员工近3 000人。学校位于享有“全国五金模具产业知名品牌示范区”“中国电子信息产业重镇”“全国乡镇出口创汇第一名”等诸多美誉的东莞市长安镇，坐落在风景秀丽的长安郊野公园南侧，空气清新，环境优雅。学校占地面积100亩，建筑面积56 000多平方米，人文环境和自然环境相得益彰。学校有一支全心全意为学生服务的教职员工团队，专业教师中“双师型”教师的比

例超过80%，拥有教育部职业院校文化素质教育委员会委员、广东省名班主任培养导师、广东省名班主任、东莞市名师等，师资力量雄厚。学校建有企业项目训练中心、数控实训中心、模具实训中心、计算机实训中心、机电实训中心、财税实训中心、信息网络实训中心、多功能语音室、七彩阳光俱乐部、A级餐厅等，学习、生活、娱乐设施一应俱全。学校以培养“大国工匠”为办学目标，开设了模具制造技术、智能化控制技术、手机移动应用等九个专业，构建了“全员参与、全程管理、全方位渗透”的“牵手德育”管理模式，创立了“学生成长十字箴言”“超市模式第二课堂”“校园经典歌曲对抗赛”“说出你心中的故事访谈式德育校会”“校园快乐广播操”等系列校园文化品牌，实践了“企业联合培养基地”“企业项目训练中心”等现代学徒制人才培养模式。产教研深度融合，行校企紧密合作。学校已成为“让学生成才、让家长放心、让社会满意”的品牌学校。学校获评全国中等职业学校德育工作先进集体、全国职业院校装备制造类示范专业点、教育部国防教育特色学校、广东省首批“书香校园”、广东省首批“绿色学校”、广东省语言文字规范化示范校、广东省培育和践行社会主义核心价值观示范点、广东省依法治校示范校、东莞市文明单位、东莞市文化建设标兵学校、东莞市智能制造专业技术培训基地等。学校申报的校企合作教学项目获国家级教学成果二等奖2项，获广东省教育教学成果一等奖2项、二等奖1项。

东莞市机电工程学校是全国中等职业学校德育工作先进集体，一直重视对学生进行社会主义核心价值观的教育。2010年，学校提出“学生成长十字训”：微笑招呼“诚”一点；坐正立直“雅”一点；仪容端庄“靓”一点；团结友爱“善”一点；令行禁止“正”一点；知书达理“文”一点；一技傍身“巧”一点；个性发展“酷”一点；拼搏人生“勤”一点；享受生活“乐”一点。面对中职师生，编写成了朗朗上口的德行养成歌谣。

微笑招呼“诚”一点

见面说您好，分手说再见，待人有礼节，做人讲诚意。
己所不欲事，勿施于他人，人人讲诚信，言行重一致。
身为中国人，有国才有家，中华之崛起，爱国从我始。

坐正立直“雅”一点

坐正一座钟，立直像棵松，走路不乱摇，人人口中宝。
头肩须摆正，腰背当挺直，大礼行鞠躬，焕发精气神。
健康无小事，坐正立直始，欲求百年身，不如练体姿。

仪容端庄“靓”一点

面部要干净，头发常打理，洗手须勤快，衣服常换洗。
穿衣要得体，职业有差别，时地须讲究，场合相适宜。
仪表要端庄，气色要平和，打扮要入时，朴实又自然。

团结友爱“善”一点

古有小黄香，从小敬爹娘，百善孝为先，感恩是美德。
滴水融大海，聚沙能成塔，友善与人处，协作力量大。
赠人以玫瑰，双手有余香，先人而后己，和谐大中华。

令行禁止“正”一点

不打架滋事，公德意识好，不近黄赌毒，法治意识强。
职业要规划，青春有激情，不好高骛远，不半途而废。
富贵不能淫，贫贱不能移，威武不能屈，公正在我心。

知书达理“文”一点

每日勤读书，小溪汇成河，学好文化课，发展有基础。
室雅何须大，花香不在多，知书而达理，温文终益己。
国事天下事，读书能知晓，社会讲民主，人人皆平等。

一技傍身“巧”一点

好马骑中来，才干练中就，晓声操千曲，识器观千剑。
毕昇印刷术，张衡地动仪，创新无难事，只怕巧心人。
乐群更敬业，手脑得并用，三百六十行，行行出状元。

个性发展“酷”一点

个性不是怪，内涵才是帅，不比白富美，不输高富帅。
生命要有光，自信是关键，金银铜铁锡，有用就是宝。
审美忌庸俗，文明又健康，辨别假丑恶，发现真善美。

拼搏人生“勤”一点

三分天注定，七分靠打拼，盛年不重来，爱拼才会赢。
勤俭好美德，劳动最光荣；国家要富强，家家奔小康。
剑锋磨砺出，梅香苦寒来，人生肯拼搏，缤纷梦自圆。

享受生活“乐”一点

不要怕摔跤，起来是英豪；不要怕失败，乐观挺起腰。
心灵正能量，快乐讲分享，自由又宽容，知足者常乐。
顺境不自傲，逆境不气馁，忧愁能自解，幸福招手笑。

学校把这“十字训”作为学校德育工作的关键载体。2011 年，学校党支部以“创先争优”活动为契机，结合学校实际，创造性地策划开展了“学生成长十字训”党建带团建主题团课巡讲活动。每位党员教师选定“学生成长十字训”中的一个“字”备课，由学生选老师授课。创新党员巡讲团课，一年为全校增加了 600 节德育课，开始了用十个字来培养学生良好行为习惯的实践教育活动。2011 年 5 月，“‘学生成长十字训’党建带团建党员巡讲主题团课”活动，作为广东省“创先争优”优秀案例由广东省教育厅上报国家教育部，在教育部网站上做了专篇报道，“人民网”也在《中国共产党新闻》栏目中进行了全文转载。

为了进一步践行社会主义核心价值观，打造学校德育品牌亮点，学校还将以“学生成长十字训”中的每一个核心内容，每月开展以践行社会主义核心价值观精神的校园文化活动，让学生体验“周周有活动，月月有精彩”，为学生提供快乐成长平台。同时还制定活动评价制度，在活动中树典型、推楷模、授标兵，让学生有目标、有方向，收获成长的快乐。

在学校中评选先进典型，围绕“学生成长十字训”设立形象大使评选，分别为“微笑大使”“诚信大使”“端庄大使”“友爱大使”“正能量大使”“知书达理大使”“技能大使”“阳光大使”“勤奋大使”“快乐大使”。每周由团支部评，每月由专业部评，每季由全校评。

设立成长绿卡及标兵徽章，凡是被评为班级形象大使的，发成长绿卡一张；凡是被评为专业部形象大使的，发徽章一枚；凡是被评为全校形象大使的，发标兵徽章一枚。集齐十张形象大使徽章的，在毕业时可自动成为优秀毕业生；凡是被评为全校形象标兵的，个人风采照片和优秀事迹将在教学楼一楼大厅公开悬挂宣传。

围绕“十字训”主题，创办“学生成长十字训”系列校园文化活动。每月围绕一个字设计一个相应主题。针对微笑招呼“诚”一点，举办“微笑招呼月”活动；针对仪容端庄“靓”一点，举办“形象设计大赛”；针对令行禁止“正”一点，举办“学生成长十字训”校园十大成长标兵评选大赛；针对拼搏人生“勤”一点，举办“工商模拟市场活动”“学生成长十字训”背诵创意大赛；针对一技傍身“巧”一点，举办“技能文化节”；针对知书达理“文”一点，举办“读书滋润心灵演讲比赛”；针对坐正立直“雅”一点，举办“礼仪教育讲堂”；针对团结友爱“善”一点，举办“校园经典红歌对抗赛”；针对享受生活“乐”一点，举办“快乐广播操”“校园歌手大赛”；针对个性发展“酷”一点，举办“DV 设计创作大赛”。

2014 年 5 月，学校的“学生成长十字训”党建带团建活动案例，再一次引起社会关注，“‘学生成长十字训’党建带团建党员巡讲主题团课”入选全国共青团重点工作创新试点项目，是广东省入选项目中唯一一所中职学校的项目。

党的十八大提出了 24 字社会主义核心价值观之后，学校进一步丰富了

"学生成长十字训"的内涵和外延，把对学生良好行为习惯养成、对学生思想品德教育和对学生社会主义价值观树立融为一体。社会主义核心价值观，即富强、民主、文明、和谐、自由、平等、公正、法治、爱国、敬业、诚信、友善这24个字，从本质上说就是一种社会发展和进步的目标价值取向。而"学生成长十字训"暗合了社会主义核心价值观的精髓。培育核心价值观，必须坚持从小抓起、从学校抓起。学生的良好行为习惯也得从学校抓起，从每天抓起。青少年阶段是价值观形成阶段，是可塑性最强的时期。抓好了青少年思想道德教育，也就抓住了未来、管住了长远。要把青少年价值观教育摆在突出位置，坚持育人为本、德育为先，融入国民教育的全过程，贯穿到学校教育、家庭教育、社会教育的各个环节和各个方面。同样，学生的良好的行为习惯养成教育也要有理论的引导，要有典型引领，更要有活动来拓展，做到知与行的统一。学校通过编写这本教材，将会更好地培养学生应具备的适应终身发展和社会发展需要的必备品格和关键能力，践行社会主义核心价值观。

学校还编写了《十个字，一辈子——十八岁前养成受用一生的好习惯》一书，作为社会主义核心价值观教育青少年修养读本。为了让"学生成长十字训"在学生行为习惯的养成教育中做到知行合一，学校对整本书的内容做了精心的设计，"一字一课"，每课含有"认知——大声读出来和咬文嚼字""感悟——天天故事会""自省——心理测试""体验——游戏拓展""实践——潜能挑战""养成——习惯养成进行时"六项任务，在内容上突出训练学生的个人修养、社会关爱、家国情怀、自主发展、合作参与、创新实践等发展素养；在教育方法上，重在体验、实践、领悟，期待着学生在对"学生成长十字训"的认知能做到从内化于心到外化于行的质的飞跃。学生只有对"诚""雅""靓""善""正""文""巧""酷""勤""乐"这十个字内化于心、外化于行，才能养成良好的行为习惯，才能形成社会主义核心价值观，才能焕发出实现中国梦的巨大正能量。

华南师范大学生命科学学院

创先争优　将核心价值观融入基层党建

［简介］华南师范大学生命科学学院成立于2002年1月，前身是成立于1933年的广东省省立勷勤大学师范学院的博地系，具有悠久的办学历史。学院办学基础雄厚，拥有鱼类学家潘炯华教授、植物生理生态学家莫熙穆教授、植物生理学家潘瑞炽教授、动物生理学家许世彤教授等一批在国内外有一定影响力的著名专家学者，奠定了生命科学学院发展的坚实基础。2009年学院荣获“全国教育系统先进单位”称号。

创先争优，把培育和践行社会主义核心价值观融入基层党的建设中。以建设学习型党组织为契机，深化社会主义核心价值体系学习教育。把社会主义核心价值体系融入学习型党组织建设全过程，把学习领会社会主义核心价值体系作为思想政治学习的一项重要任务。通过丰富多彩的教育与主题实践活动，在全院上下形成了强大精神力量、基本道德规范，为推动学院跨越式发展提供了思想和智力支持。加强“创先争优”内涵建设，按照“五个好”和“五个带头”的基本要求，分别在党支部和党员中，开展比学习、比教学、比科研、比服务等活动。创先支部组织模式，充分发挥党支部先锋堡垒作用。在党支部组织形式、党支部组织生活和工作特色等方面进行了新的大胆的尝试。学院党委根据“211工程”和“创新强校工程”工作任务，先后成立了“211工程”项目党支部和“创新强校工程”项目党支部，支部成员主要由学院承担“211工程”和“创新强校工程”建设的骨干老师中的党员组成，构建特色学术团队，促进学院学科建设，有效解决了党建工作与业务工作“两张皮”的问题，使组织建设与学科建设相互促进、共同发展。实施党员学长制，学生党员争当践行社会主义核心价值观的排头兵。从2012年开始，学院通过实行“党员学长制”项目，安排高年级学生党员一对一联系低年级学生宿舍，在低年级学生中广泛开展社会主义核心价值观教育。

知行合一，把培育和践行社会主义核心价值观融入人才培养中。把社会主义核心价值观融入课堂教学中，努力培养“德业双馨”优秀生物人才。在学校德育课的基础上，坚持鼓励和引导教师把社会主义核心价值观渗透到各学科的课堂教学中，把传授知识与德育教育有机结合起来。把社会主义核心价值观融入社会实践、志愿者服务、社团活动等第二课堂中。通过丰富多彩的第二课堂活动，带领大学生走出校园，深入社会，了解国情社情民情，提高学生思考和解决现实问题的能力，增强大学生对社会主义核心价值观的认同感，取得了显著的教育效果。以“勷勤论坛”“新世纪论坛”、校友系列报告会等活动为载体，广泛宣传弘扬社会主义核心价值观。邀请校内外的专家学者为学生开展学术讲座或报告会，专家学者的爱国主义和治学之道，使同学们受益匪浅，也激发了同学们认真学习，刻苦钻研，树立崇高理想，踏实做人做事的决心。

立德树人，把培育和践行社会主义核心价值观融入师德师风建设中。坚持树典型、学先进，发挥榜样作用，全体教师在学习先进中践行社会主义核心价值观。80 多年的发展历史，不仅走出了风雨牧草人莫熙穆、鱼类研究专家潘炯华、植物生理学家潘瑞炽等学科大家，还涌现出王小菁、江海生、李娘辉等一批新时代优秀教师代表。一代代生科人用自己的尊严、德行、崇高的职业精神和精湛的业务教书育人，也用自己的实际行动阐释了新时代社会主义核心价值观。建立长效机制，把践行社会主义核心价值观作为教师年度考核、岗位聘任（聘用）、职称评审、评优奖励的重要标准，引导广大教职工自觉践行社会主义核心价值观。开展师德教育活动，常抓不懈。以“我最喜爱的老师”评选、“新时代优秀教师标准”大讨论等系列活动为抓手，强化师德教育，履行师德规范，着力引领教师从自身做起，带头践行社会主义核心价值观，自觉增强立德树人、教书育人的使命感和责任感。

求真务实，把培育和践行社会主义核心价值观融入科学研究中。在学术活动中，坚持以社会主义核心价值观为指导。在工作中，注重提高研究方法的科学性和促进学术道德建设，倡导自由民主的学术风气，建立公平竞争的学术秩序，营造创新包容的学术环境，坚守诚信自律的学术责任，形成良好的学术研究氛围。

积极鼓励广大师生积极开展教学科研，定期举办不同类型和层次的学术科技活动，培养大学生严谨的科学态度、创新能力、实践能力和创业精神。广泛开展科普教育活动，倡导社会主义核心价值观。挖掘学科资源和人才资源优势，打造优质教育科普基地。学院分别被省科技厅和省科协授予“广东省青少年科技教育基地”和“广东省科普教育基地”的称号。

江门职业技术学院教育与教育技术系

抓好“三个环节”　注重“四个结合”

［简介］江门职业技术学院教育与教育技术系有教师82人，学生1 800人，开设10个专业（方向）。近年来，我系坚持把社会主义核心价值体系建设融入人才培养的全过程，抓住新生入学教育、校园日常行为规范、专业教学实践三个环节，注重领导带头与督导激励结合、道德讲堂与实践活动结合、校内教学与企业实践结合、典型引导与志愿者活动结合四个结合，在全院培育和践行社会主义核心价值观活动中发挥了积极作用，成为江门市人文社会科学教育基地；学院成为广东省语言文字规范化示范校、广东省文明单位。近两年来，全系教师20多人次荣获学院市优秀教师、教坛新秀、优秀共产党员等称号；学生180多人次荣获优秀学生等光荣称号。

抓住“三个环节”，努力将社会主义核心价值观融合渗透到教育教学的全过程。第一，新生入学教育环节，确立“立信、立志、立规”的“三立”思路，把社会主义价值观体系内容融入教育之中。通过邀请道德模范、优秀校友开展讲座、报告会，学生交流等形式，以理想信念、诚信为切入点，进行职业生涯规划教育，把住新生入学关口，给新生输入核心价值观理念。第二，校园日常行为规范教育环节，创新教育形式。将社会主义核心价值观基本内容在系网站、宣传栏、主题班会上向全系师生进行大力的宣传和教育，并在日常的课程教学中予以全面的讲解和阐述。发掘教育内涵。大力挖掘侨乡文化中蕴含的社会主义核心价值观内容，将其融入日常行为规范教育之中。如组织学生到华侨华人博物馆、江门档案馆等单位参观，在校内建立五邑文化展厅，让学生感受五邑华侨的“爱国爱乡”情怀；邀请校内外专家开展五邑名人讲座，感受五邑名人的“诚信、敬业”精神；在校内外组织“梁启超读书沙龙”活动，让学生通过阅读梁启超著作学习他的伟大人格。拓宽教育阵地。采用主题党日、团日、班会、报告会、座谈会、研讨会、知识竞赛、征文比赛等多种形式组织全系师生员工开展学习社会主义核心价值观活动；扎实开展大学生“青马”工程、“职业素质训练”工程、“创业”工程；开展好一年一度的艺术节、师范技能月等各种社团活动。开展核心价值观研究。我系充分利用设在本系的江门市梁启超思想研究中心、侨乡家教研究中心、中小学生心理健康研究中心等机构，以及江门市设在我系的人文社会科学普及基地，开展专门的价值观研究。近3年来，申报院级以上课题10个，在公开刊物发表相关论文20余篇。去年，由我系教师为团队骨干的省文化素质教指委重点课题“高职院校校园文化与企业文化、职业文化的融合渗透研究”成功立项。第三，专业教学实践教育环节，打造一支师德高尚、业务精湛的高素质教师队伍。将社会主义核心价值观对公民个人层面的要求对接到教师职业准入、教师能力提升、教师业绩考评等教师队伍建设全过程，将师德表现作为教师年度考核、岗位聘用、职称评审、评优奖励的重要标准；完善学生、社会参与的师德监督体系，加强教学督查，完善师德档案，实行师德“一票否决制”。把社会主义核心价值观教育有机融入课堂。一方面，我系以向全院开设大学语文、大学生心理健康等公共课程为契机，结合职业教育特点，注意核心价值观内涵，编写好教材；另一方面，开设了“国学经典导读”“五邑侨乡文化”等4门公共课程，主动配合学院构建与历史文化传统相承接、与时代发展相一致的全院传统文化教育体系。把社会主义核心价值观教育融入实践教学。建立了“五习”（学习、见习、练习、实习、温习）实践教学机制，严格规范管理，让学生逐步掌握和提高技术技能，在此过程中，我系不失时机地结合社会主义核心价值观开展“诚信、敬业”教育，如知识竞赛、技能比赛、送教进企业，在提高学生职业道德的同时，也进一步增强了学生的职业技能。

注重“四个结合”，努力在培育和践行社会主义核心价值观上取得实效。第一，领导带头与督导激励结合。党政领导带头，由系党总支书记牵头，建立了全系核心价值观教育活动工作小组，并将相关工作落小、落细。系部以教研室为单位的双周理论学习，将核心价值观学习作为考核内容。每次学习做到有记录、有考勤、有反馈。为把社会主义核心价值观建设和教学、科研、社会服务工作结合起来，在系绩效分配方案中，鼓励教师开展教学科研和社会服务工作。制订落实方案。根据学院党委要求，我系制定《培育和践行社会主义核心价值观的实施意见》，积极探索新形势下进一步推进社会主义核心价值观建设的新思路、新途径、新方法。我系结合本系高级职称教师较多的情况，建立“教授工作室”，鼓励老教师传帮带新教师，在各教研室、班级总结的基础上树立典型，并在总结的基础上提出常态化、固态化的要求。第二，道德讲堂与实践活动结合。设立道德讲堂。积极开展“道德讲堂活动”，建立系道德讲堂，并派出骨干教师宣讲。经过实践，初步总结了小班化、互动化、系列化、多元化的“四化”经验。创新形式，学生走出校园践行社会主义核心价值观。各班级以主题班会、讲座、征文等形式开展活动。第三，专业教学与企业实践结合。结合不同专业特点，充分利用企业行业资源，精心设计实践活动。相关教师深入企业，深入学生实习实训第一线授课，针对学生在实习实训中的实际问题开展职业道德教育。聘请企业管理人员、岗位能手担任编外辅导员，对学生进行潜移默化的感化教育，进而培养学生的岗位意识、诚信意识、敬业意识等。建立学生实习实训临时党支部，发挥党组织的堡垒作用以及党员的先锋模范作用。第四，典型引导与志愿者服务结合。系团总支开展了以“弘扬雷锋精神，践行社会主义核心价值观”为主题的系列活动。如开展学雷锋活动月启动仪式暨横幅签名活动、红十字会无偿献血活动、骑车环岛大扫除活动、“辞旧赢心”旧书回收献爱心活动。与江门市福利院和荷塘敬老院形成定点服务关系，每月组织学生到这些点开展义工服务。目前，全系志愿者达1 700多人，占全系学生人数的96%。

广东工程职业技术学院思想政治理论课教学部

探索“三全一多”实践教学模式

［简介］广东工程职业技术学院思想政治理论课教学部2010年被学校授予“创先争优先进基层党组织”光荣称号。2011年被广东省教育工委授予“先进基层党组织”光荣称号。

思政课是对大学生进行思想政治教育的主渠道和主阵地，将社会主义核心价值观的基本内容与思想政治理论课的课堂教学有机融合，把理论讲深、讲透，使学生入耳、入心，这是高校培育和践行社会主义核心价值观的基础和前提。思想政治理论课教学部为此做了两方面的努力：一是在教学内容上做到有针对性。例如，在“基础”课教学中侧重于社会主义核心价值观中的公民价值层面以及社会价值层面的融合与讲解；在“概论”课教学中侧重于社会主义核心价值观中的社会价值层面以及国家价值层面的融合与讲解。二是在教学形式上注重创新。例如，将微课教学普遍运用到思政课课堂教学中，使每堂课都能够留出大量时间让师生充分参与社会热点、焦点问题的讨论，加深对社会主义核心价值观的理解和认识。此外，思政部还开展了社会主义核心价值观微课展播等系列活动。开通了思政部微信公众平台，歌颂好人好事，推荐好书好文，开展中华民族优秀文化传承教育等，作为课堂教学的补充。

创新性地提出了“三全一多”的实践教学模式并付诸实践，使学生能够将道德认知、道德情感、道德修养和道德实践有机结合，做到知行合一，取得了良好效果。“三全一多”是指“全员化、全程化、全方位，多形式”。全员化是指整合校内外各种资源，确保每位学生都能参与到思政课实践教学中来。全程化是指根据学院办学特色、专业特点、思政课课程设置，针对性地设计实践项目，确保学生在校期间全程接受思政课教学，充分发挥思政课在人才培养中的主渠道、主阵地作用。全方位是指课内实践与课外实践、校内实践与校外实践相结合，着力培养学生的爱国主义精神、思想政治素养、道德品质素养、法律素养和职业素养等，全面提升学生的综合素质。多形式是指开展形式多样、内容丰富的实践教学活动。比如，采用情境启发法开展“重走中国革命和建设之路校园越野闯关比赛”、时政论坛和爱国主义教育基地参观与考察；采用榜样激励法开展“名人名师大讲坛”；采用实践体验法开展“我奉献，我快乐”公益活动、手机新闻报制作等实践活动；采用角色扮演法开展“模拟法庭”；采用调查研究法开展“大学生社会实践调查与实践”；采用实习作业法开展“顶岗实习中职业素养的提升与实践”、岗前职业素养培训等。

为了让社会主义核心价值观建设成果内化为学生的精神追求，外化为学生的自觉行动。学院思政部和团委开展了一系列丰富多彩的校园文化活动，如“五四创先争优”评选活动、“活力在基层”主题团日竞赛活动、“中国梦　我的梦”系列活动等，成立了青年志愿者协会、青年马克思主义者学习践行社团等组织，为广大青年学子培育和践行社会主义核心价值观营造了良好的校园文化氛围。

广东外语外贸大学马克思主义学院

打造“思政课名师大讲堂”　探索社会主义核心价值观传播新机制

［简介］广东外语外贸大学马克思主义学院是根据学院学科发展的需要，在原思想政治理论学院基础上更名而来的。学院承担全校本科生、硕士生、博士生的思想政治理论课教学任务和马克思主义理论一级学科硕士点的建设任务。

学院倾力打造“思政课名师大讲堂”，高起点传播社会主义核心价值观。“思政课名师大讲堂”在全国高校中是首创，学院观察实践效果突出。从2011年开始，学院就开始聘请国内著名理论家、高水平学者传播社会主义核心价值观。国内顶尖级专家学者纷纷登台“思政课名师大讲堂”，成为广外一道亮丽的风景线。“思政课名师大讲堂”每学期至少举行一次，一般每年举办2～3次。

高标准推进培育和践行社会主义核心价值观的理论研究。召开理论研讨会、印发学习资料、编辑学习论文集等，推进社会主义核心价值观的理论研究。通过一系列的理论研讨活动，马克思主义学院学术氛围浓厚的同时，广大师生对社会主义核心价值观的认同度大为增强，许多教师自觉把与社会主义核心价值观相关选题作为自己的研究领域。印发习近平同志系列讲话文稿和中央重要会议文件、资料，及时为师生理论学习提供丰富材料。每次习近平同志发表重要讲话以后，或者中央重要会议召开以后，学院都及时将原文印发给全体教师和研究生进行学习。学院还利用有限的资金，为全体教师和研究生购买权威书籍。发挥自身力量，自己编辑学习辅导材料。

拧紧理想信念“总开关”，把培养和践行社会主义核心价值观在思政课教学过程中落细、落小、落实。把教职工的理想信念教育放在首位，把“政治坚定、业务精湛、师德高尚”作为对教师的基本要求。通过党日活动、召开研讨会、社会实践活动等多种方式进一步坚定全体教师理想信念。每年组织教师参加各种形式的社会实践活动。通过现场教学，进行革命传统教育，坚定学院教师理想信念。把思政课教学放在学院工作头等位置。提出“教学是立院之本”。建院之初，学院就提出“打基础、抓规范、重特色”的教学理念，把培育和践行社会主义核心价值观落细、落小、落实到思政课教学的全过程。把课堂政治纪律放在第一位，近些年来从来没有教师出现在课堂有违背四项基本原则的言论的情况。每学期举办老教师示范课、青年教师公开课，发挥老教师的示范和带头作用；学院多次与学校教学督导组联合，随时进入每一位思政课教师的课堂，课后进行研讨，每学期学校督导组听课次数都在 10 次以上；学院鼓励教师相互听课和观摩，相互帮助、共同提高，学院教师每学期相互听课都在 20 次以上。注重教研活动的质量，每次教研活动有主题、有针对性、有记录，希望通过教学研究提升教学。研究培育和践行社会主义核心价值观过程中的热点难点问题。

广州大学化学化工学院

创新基层党建"书记项目"　弘扬主旋律

［简介］广州大学化学化工学院成立于2005年，办学历史可追溯到1958年创办的广州师范学院化学系。现有三系、三中心、四所，即化学系、化工系、食品系，分析科学技术研究中心、实验中心、分析测试中心，能源与催化研究所、现代化学技术与工程研究所、食品研究所、精细化工研究所。学院师资力量雄厚，科研成果突出，曾获评"广州市先进基层党组织""广州市教育系统先进党组织""广州市先进基层团组织"等称号。

广州大学化学化工学院把社会主义核心价值观融入学院工作和建设的全过程，在师生中加强社会主义核心价值观宣传教育，号召师生践行核心价值观，并取得了丰硕的成果。

加强师生理论学习，创新基层党建"书记项目"，弘扬主旋律。加强中心组学习和广大教职员工的理论学习。学院把社会主义核心价值观作为中心组学习的重点内容，同时注重组织广大教职员工进行理论学习，促进领导干部和广大教师对社会主义核心价值观的认识和理解。加强学生的理论学习，推动社会主义核心价值观进教材、进课堂、进学生头脑。依托党课、团课深入开展理论学习活动，教育引导大学生掌握社会主义核心价值观的主要内容。

学院党委为了促进社会主义核心价值观教育，创新了基层党建"书记项目"，开展了"师生支部共建工程"，发挥了党员、干部在培育和践行社会主义核心价值观方面带头作用和辐射作用，达到了较好的效果。该项目2013年获评广州市教育系统党建重点课题，其成果获得广州市党建优秀调研成果三等奖、广州大学党建和政研论文评比一等奖，2013年、2014年连续两年获评广州大学党建创新"重点项目"和"示范项目"。

以爱国、敬业、诚信、友善为重点，培育品学兼优的人才。通过多位立体的方式，促使社会主义核心价值观渗透师生的学习、工作、生活中，始终把培育和践行社会主义核心价值观融入教书育人的全过程。通过“挑战杯”大学生课外创新活动，培育师生爱国、敬业、诚信、友善精神，凝练学院文化，在学生中形成拼搏进取的精神。我院师生参与课外科技活动比率达到40%，学院教学也取得丰硕的成果，涌现了一批爱生如子、甘于清贫、乐于奉献的模范教师。

学院依托国家实验教学示范中心开创大学生科技实践创新基地，组织青年学生参加科研发明和创新创造活动。以城乡社区为重点，以相互关爱、服务社会为主题，围绕扶贫济困、勤俭节约、环境保护等方面，围绕空巢老人、留守妇女儿童等群体，组织开展各类形式的志愿服务活动，形成我为人人、人人为我的社会风气。把志愿服务和入党、评先结合起来，建立健全志愿服务制度，完善激励机制，让青年学子在真切的亲身参与和深刻的实践体验中升华思想认识，培育和践行社会主义核心价值观。

充分发挥优秀师生的示范引领作用，做好践行社会主义核心价值观优秀师生典型的宣传推介，注重舆论氛围的引导。依托“化院之星”“大学生自强之星”“优良学风班”“广州大学十佳学生”评选表彰等工作载体，开展“我身边的榜样”活动，推选和宣传青年学生中践行社会主义核心价值观的先进典型，注重挖掘身边可亲、可信、可学的青年典型，讲好当代大学生健康成长的故事，发挥同伴教育的特有优势，以榜样的事迹和精神打动学生、引领学生。引导广大教师自觉增强教书育人的荣誉感和责任感，做学生健康成长的指导者和引路人。重视新闻媒体的宣传工作，及时把典型人物的先进事迹向主流媒体推介，弘扬主旋律，传播正能量。

暨南大学新闻与传播学院

“三位一体”铸平台　“多维互动”显实效

［简介］1928 年，暨南大学在上海开设了新闻类课程，1946 年，新闻学系正式创立，曾书写中国传媒教育史重要一页。几代暨南新闻人薪火相传，铸造中国传媒教育“华南重镇”。

学院党委开拓培育和践行社会主义核心价值观的新途径、新方法，创新“三位一体，多维互动”的教育模式。“三位一体”即将专业实践、社会实践和思政工作三者有机融合起来，在实践中感悟社会主义核心价值观的真谛，在实践中提升对社会主义核心价值观的理解和认识。“多维互动”，就是让理论学习、党建品牌活动、专业实践、校园文化、社会活动以及媒体宣传报道产生合力，相互促进，相得益彰。除了以理论教学为立足点，把社会主义核心价值观教育融入课堂教学当中之外，还着重以多种形式的专业实践与社会实践为平台，引领学生从小课堂走向大社会，使学生在接触和了解社会的过程中，激发自身的爱国主义情操，增强社会责任感，养成艰苦奋斗、团结友爱的作风，成为践行社会主义核心价值观的先锋队。曾举办“我行我动·喀什林芝深度采访行”活动，以“中国梦”为主题的集采访、社会调查和爱国主义教育于一体的系列社会实践活动等，让学生在广阔的社会天地中磨炼意志，增长才干，培育与践行社会主义核心价值观。活动共组成14个团队，共100多师生参与。活动包括8个子项目：“揭梦三沙·南海深度采访行”“寻梦中国·海疆万里行”“广货行天下·边贸万里行”“寻访美丽中国·川藏行”“基层深呼吸·湖北宜都县域经济社会发展采访调研”“寻梦廊桥·深度采访行”“我是记者·瑶乡行”“中国梦·海外华文媒体深度调研”。这些子项目增强了师生们对“富强、民主、文明、和谐是国家层面的价值目标”的信念，提高了师生们对“自由、平等、公正、法治是社会层面的价值取向”的认识，加深了师生们对“爱国、敬业、诚信、友善是公民个人层面的价值准则”的体悟。通过采访体验，师生们提高了思想觉悟，加深了对社会主义核心价值观的理解。在“揭梦三沙·南海深度采访行”活动中，院师生走进真实的军旅生活，通过实地采访调研来实践课堂上所学的理论，师生们为海防战士在艰苦卓绝的条件下舍己为国的敬业精神和爱国情操所感动，深化了师生的爱国教育。在“寻梦中国·海疆万里行”活动中，院师生认识到近代以来中国海防的历史与变迁正是“中国梦”的生动写照，完整地感受到中华民族伟大复兴梦想。这种结合爱国主义教育和社会公益的专业实践教学，让学生树立起勇于担当、立足现场、以行求解，做最富于行动的新闻人的理念。在“寻访美丽中国·川藏行”活动中，院师生真实感受到汶川地震后灾区人民众志成城、重建家园决心和成效，体会到“一方有难，八方支援”的大爱精神，同时对后援建时代当地的可持续发展进行了深入思考。在“广货行天下·边贸万里行”活动中，院师生通过观察、访谈、问卷调查等多种形式，多角度、全方位地了解“广货”在边境贸易市场的销售状况、品牌分布和产品认知度等相关情况，由此感悟出百年中国品牌梦的历史厚重和国家富强的经济影响力。“寻梦中国·海疆万里行”活动调研组成员在图书馆举办图片展，以生动鲜活的图片展示了整个调研行程，做了一次生动的社会主义核心价值观的宣传教育。深度调研也产生了丰硕的研究成果。

拓宽“三位一体”的思想教育平台，组织开展全校学生参与暑期社会采访与调研活动，扩大该平台社会主义核心价值观教育的辐射面。调研足迹遍及河北、山西、云南、江西等老少边穷地区。密切与新闻业界的合作，创新新闻传播人才的培养模式——准记者南方训练营，借助媒体一线记者的丰富经验和生动案例，开展社会主义核心价值观的教育。注重课堂引进和校园推进，将社会主义核心价值观引入专业课课堂（特别是“马克思主义新闻观专题”），并在全校范围组织开展社会主义核心价值观口号征集活动。将社会主义核心价值观教育融入专业课的教学中，并在“马克思主义新闻观专题”一课中设专题探讨社会主义核心价值观的宣传报道。

汕头大学至诚书院

从公益教育浸润社会主义核心价值体系

［简介］2008 年6 月，汕头大学借鉴境外优秀大学先进的教育理念和经验，在内地高校率先成立第一家本科四年全程住宿学院——至诚书院。书院打破国内大学通行的以院、系、班级安排学生住宿和课外活动的形式，采用不同专业、不同年级的学生“混住”这种比较接近现实社会的生活模式；书院通过给予学生专业课堂以外更多的关怀、支持和更广阔发展潜能的空间，为其提供最优质的教育环境；通过党团、学生会和学生兴趣社团组织等社区活动平台的搭建，以及书院团队、学科、体

能、心理和职业等五类拓展课程的开展，建立培养自信心、独立性和社会责任感，增强学生综合素质，把“如何做人”的教育具体落实到大学生生活社区，使学生的生活、学习、成长融于一体，促进其身、心、灵全面健康发展。

至诚书院中文名字则源自《中庸》“唯天下至诚，为能尽其性”，以继承和弘扬中国优秀传统文化作为育人理念，并借此树立宿生对书院文化和精神的认同感，建设温馨的人文社区。

至诚书院团委曾获汕头市“五四”红旗团委荣誉称号。书院党总支被评为汕头大学先进基层党组织。书院公益课程项目“常青藤服务团”被评为广东大中专学生志愿者暑期文化科技卫生“三下乡”社会实践活动国家级重点团队，并获广东省大学生“三下乡”优秀组织奖。

开展公益活动是当代大学生沟通社会，培养能力，确立正确价值观的重要渠道。汕头大学将公益课程作为全体学生必修课，在全国特色明显。作为汕头大学第一个住宿学院，至诚书院在2008年成立后便开始以“公益教育与服务学习”理念为指导，公益课程借鉴欧美及港台“服务学习”模式。它基于学生的知识和技能，引导学生通过准备—服务—反思—分享等环节，通过计划性的服务活动与结构化的反思过程，在服务中学习，使服务者获得更好的学习效果，同时满足被服务者的需求，达到互惠的结果。

书院平均每年开设4～5门服务学习与公益课程，包括素质拓展训练营义工项目、关爱中学生项目、社会弱势群体脑瘫儿童关怀项目、乡村义教项目以及由国家民政部门等单位主办的中国农村“两委”女干部暨民政基层干部培训“启璞计划”的志愿者服务项目等，每门课程1个学分，学习时间为48个学时。内容涉及生命教育、感恩奉献教育、独立性和吃苦耐劳精神的培养、中国传统文化学习，以及尽职、担当、环保、仁爱、平等、法治、文明、敬业、真诚、友善、包容等理念的践行。围绕社会主义核心价值观及汕头大学“有志，有识，有恒，有为”育人目标和至诚书院院训“诚敬谦和”育人理念，为入住书院大学生提供有别于专业学院所提供的非学分特色拓展课程，包括团队、交叉学科、体能、心理和职业生涯五类拓展项目，以培养宿生的社会责任感、沟通能力和团队能力、领导能力，提升心理品质、挫折抵抗能力和社会适应能力，促进各学科间交叉融合，提高宿生体能素质和运动热情，并为宿生提供职业、人生规划指引等，最终增强学生综合素质，把"怎样培养人"的工作具体落实到大学生生活社区、学生公寓，使学生的生活、学习、成长融于一体，促进学生身心全面健康发展。

至诚书院把公益课程与公益活动的6个具体项目，即公益相关知识、良好的思想意识与品质、组织与协调能力、社会交往能力、问题解决能力与研究能力、环境适应能力进行对比。发现参与公益课程的学生与参与公益活动的学生在上述6个方面均存在显著性差异，公益课程在上述几个方面对学生的培养效果优于公益活动。公益课程对于提升大学生的团队精神、沟通能力、领导能力、社会责任感、感恩精神和吃苦耐劳等方面的素质能力具有不可替代的促进作用。

深圳职业技术学院电子与通信工程学院崇理书院

"六个一工程"、文化引领　促进社会主义核心价值体系建设长效机制

［简介］深圳职业技术学院电子与通信工程学院崇理书院曾被评为"深圳市教育系统先进单位""全国教育系统先进单位"。学院党委获"广东省教育系统创先争优先进基层党组织"，学院团委获"广东省共青团创先争优，服务大运""五四红旗团委""深圳市五四红旗团委"。2014年，获省级"培育和践行社会主义核心值观学校示范点"荣誉称号。

深圳职业技术学院积极践行社会主义核心价值观，探索书院建设育人新模式。崇理书院秉承寓教育于生活的理念，将学校文化育人、复合育人、协同育人的育人理念贯彻于书院建设的全过程，通过建立书院工作机制，完善书院保障措施，开展学生喜闻乐见的文化活动，搭建师生深度共融、文化精神彰显、实践体验丰富的文化育人平台。以此切实把社会主义核心

价值观融入学校主题教育、文化建设和日常管理之中。

丰富教育形式，积极开展社会主义核心价值观主题教育。突出主题教育活动重点。抓住庆祝国庆、建党周年、抗震救灾、学习实践科学发展观和开展群众路线教育实践活动等重大契机，组织开展形式多样、内容丰富的主题实践活动，深化对社会主义核心价值观基本内涵和精神实质的教育。打造主题教育活动品牌。发挥学生党员在书院的模范带头作用。深入开展“六个一工程”，通过开展“签署一份承诺，研读一部经典，开展一项社情、校情或学风等调查，组织一次志愿者活动，帮助一个困难同学，带动一个宿舍”的“六个一工程”，发挥党员在书院自治和管理中的榜样作用，营造文明、和谐的生活环境。提升大学生思想政治教育工作的整体实效。

加强文化引领，打造社会主义核心价值观的教育平台。书院以服务学生为宗旨，开创了如“书院讲堂”“崇理下午茶”“咖啡文化节”等一系列特色品牌项目。“书院讲堂”经常举办文化育人讲座，结合爱国、敬业、诚信、友善的价值准则，讲堂内容涵盖了理、工等专业内容，特别融入了求职、创业、人文、哲学等思想的润滑剂，为学生们提供了一个个就业创业、普及文化、开阔视野的育人平台，真实打造“同学们喜爱的讲堂”。打造“书院下午茶”这一师生交流特色平台，目的在于为师生提供一个良好的交流环境。通过轻松自由的环境让同学们敞开心扉，在书院与教师进行交流。在书院文化节的背景下，书院“品味咖啡吧”创新活动载体与形式，在校内举办“卡布奇诺”草地文化节，捕捉当代大学生探索、浪漫、感悟的多元气质，宣扬正面积极的生活态度，同时服务于学生，营造一个文理渗透、学习分享、个性拓展、师生深度共融的交流氛围，提高书院学子的人文素养。此外，依托书院“致知书吧”“爱心超市”等功能房，书院举办了崇理书院书友会、“爱，西行”等形式多样的校园文化活动，极大地丰富了学院学生的课余文化生活，让学生的大学生活更加丰富多彩。

强化日常管理，建立培育和践行社会主义核心价值观的长效机制。书院成立党支部、分团委，学生依托党团组织开展学生活动。改变以班级为单位建制的团支部，建立以自主选择不同年级、不同专业、不同班级的学生住在一起的宿区团支部模式。通过定期开展宿区评比活动，及时发现和解决宿区中学生出现的情况和问题，并通过党员、学生干部的引领和教育，帮助和改进各种不良现象，营造宿区文明和谐的书院文化氛围。学生党支部结合书院制建设，充分发挥学生党员的自主管理优势，由学生党员先锋社牵头，进行支部教育管理新模式的探索，建立宿区积极分子培养档案；开展宿区积极分子推优、发展对象答辩和理论学习、党史竞赛、小组悦读活动；增加积极分子书院值班、“党员先锋岗”值班等学习服务项目；积极组建崇理书院党员志愿服务队；编制《电信学院崇理书院党员先锋社工作手册》《电信学院崇理书院学生党支部学员自主管理手册》等。以此来提升党员的培养水平，保证党员的服务质量。

肇庆学院团委

坚持党建带团建　坚持思想引领

［简介］1970年3月，广东教育行政学院易名为肇庆地区师范学校，肇庆学院的历史由此开卷，后又先后改名为肇庆地区五七师范学院、肇庆师范专科学校。1985年，依托肇庆师范专科学校成立西江大学，实行“一套人马，两块牌子”办学。2000年3月，西江大学和肇庆教育学院合并组建本科层次的肇庆学院。2004年4月，肇庆学院通过学士学位授予权评审，实现由专科向本科的跨越发展。学校励精图治、追求卓越，秉承“以生为本、以质立校，学术并举、崇术为上”的办学理念，致力于规模扩大和内涵发展相结合，实现规模、结构、质量和效益协调发展，在人才培养、科学研究、社会服务、文化传承与创新等方面取得可喜成绩，被评为“全国毕业生就业典型经验高校”“全国绿化模范单位”“广东省文明单位”“广东省高校治安综合治理先进学校”“广东省节能型示范高校”“广东省应用型本科转型试点高校”“省市共建高校”“广东省创新创业教育示范校”“广东省依法治校示范校”“国家级大学科技园培育单位”“国家级科技企业孵化器”“广东省硕士学位授予立项建设单位”“全国创新创业典型经验高校”“广东省安全文明校园”。肇庆学院团委曾先后获得“广东省五四红旗团委”“广东大中专学生科技学术节

优秀组织奖”“肇庆市五四红旗团委”等称号，13次获评“全国大学生社会实践活动先进单位”，获广东高校校园文化建设优秀成果奖等。

肇庆学院团委始终坚持团的组织建设和活动建设，把中国特色社会主义和中国梦教育融入广大团员成长成才全过程，围绕“如何加强团组织的凝聚力”和“如何提高团的活动的影响力”两个基本问题，积极探索培育和践行社会主义核心价值观的有效形式，创新符合我校实际的共青团工作模式。

坚持党建带团建，深化团学制度改革，提升组织的凝聚力和战斗力。校团学组织建设工作得到学校党委高度重视，通过党建创新带动团建工作，特别是在组织制度改革上取得进步，有效解决了学生组织不断进步和成长的长效机制问题，通过学生干部的先锋模范作用，在校园中形成了弘扬社会主义核心价值观的骨干力量，显著提高了大学生思想政治工作的实效性。规范基层团组织的建设，明确了团委书记的工作职责，明确二级学院团委书记要协助学院开展党建工作、要直接管理院学生会等。在全校公开选拔校级学生组织的负责人，打通校院两级学生干部的交流渠道。提升学生会在学生“三自”管理中的主体地位，打造“一心两圆”的学生组织格局。规范对学生社团的引导和管理，成立学生社团联合会，明确由学生会副主席兼任社团联合会主席。

坚持思想引领，落实“青马工程”的培养要求，加强青年骨干的团队建设和能力培养。坚持狠抓主渠道、主阵地建设，为社会主义核心价值观的宣传教育提供有效的思想引领、舆论推动、精神激励和文化支撑。争取学校思想政治理论课教学部的支持，提供师资和专项资金支持。建立校院两级培养方案，对团委书记、校级团学干部和院级团学干部进行分级培训，着力培养青年马克思主义者，发挥其践行社会主义核心价值观的带头示范作用。以读书节、征文比赛、演讲比赛和主题辩论赛等活动为载体，深化“我的中国梦”主题教育实践活动，提高广大团员对践行社会主义核心价值观的理性认同。通过自强之星、巾帼之星、服务之星和实践之星等评选活动，以“榜样的力量”鼓舞青年。通过坚持开展“三进三同”活动，引导广大团员在广泛接触群众的实践中“受教育、长知识、炼才干、作贡献”，培养公民意识，切实提升公民社会责任感。全方面、多角度、深层次地通过校园网、官方微博、微信、校园报纸、校园广播和宣传栏等阵地，在校内大力宣传践行社会主义核心价值观方面的先进人物和感人事迹，弘扬真善美、抵制假恶丑，把培育和践行社会主义核心价值观做得更细、更实、更深入人心。

深入宣传校训精神，践行“崇术为上”的办学理念，提高校园文化活动的影响力。围绕学校“厚德、明智、博学、力行”的校训和“以生为本、以质立校，学术并举，崇术为上”的办学理念，把社会主义核心价值观的宣传教育落实到校园生活的方方面面。在学校教务处支持下，校园文化活动经历了从数量到质量的转变，并初现成效。注重活动资源的整合，将原来由二级学院零星开展的活动（特点是活动经费筹措困难、内容形式简单、周期不稳定、成果不对接等）通过竞标后转化为由学校主办、各二级学院承办的活动，并作为子项目纳入学校的主题教育活动中，专项划拨活动启动资金，并明确要求二级学院从教学经费中按不少于 1：1 的比例配套活动经费。注重氛围的营造，学校“中国梦·砚园情”主题活动、“促进高素质应用型人才培养”主题教育活动、“学生社团巡礼月”主题活动、“三下乡”社会实践活动等均采取上述活动模式，贯穿整个学年，活动资源高度整合、学生参与面大、活动影响力大，营造了良好的校园文化氛围。注重种子的培育，对于各类学术和文化活动中凸显的优秀项目与人才，学校团委建库管理、重点培育，使其能更好地对接“广东省校园文化艺术节”“广东大中专学生科技学术节”“挑战杯”等省市的各类活动和比赛。精心打造“科技文化系列讲座”品牌，利用校内外的各种资源，精心组织高水平的科技文化系列讲座和报告，为广大学生提供培育社会主义核心价值观的精神文化食粮，提高校园文化的品位和档次。

坚持实践育人，助力地方经济社会事业的发展，引导学生在服务社会中培育核心价值观。树立“地方院校的团学工作要重点服务地方发展”的意识，找准定位，充分发挥高校的智力资源和人才资源，精心打造以社会实践和志愿服务为核心的大学生活动品牌，服务地方发展，引领学生在丰富多彩的社会实践中培育和践行社会主义核心价值观。一是以学雷锋活动为契机，鼓励学生参与公益志愿服务活动，打造公益志愿服务活动的品牌。校青年志愿者积极投身于“广东省体育大会”“肇庆金秋”经贸洽谈会等省市大型活动，并与市教育、卫生、经贸、文化、民政、体育、旅游、残联和妇联等多个部门建立起稳定的合作服务关系，深受好评。刷亮“三下乡”社会实践活动王牌，学校共13次被评为全国大学生社会实践活动先进单位。将“三下乡”社会实践活动的主力范围由原来的全省各地调整为全市各基层，以求集中力量出精品，更好地服务地方经济社会建设。以肇庆高新区为中心，联动当地的二级分队把义诊服务、送戏下乡和专题讲座项目延伸到广宁、怀集、鼎湖等肇庆的其他县市区。理论与实践的结合，让广大师生深刻体会到了坚持社会主义核心价值观的重要意义，提高了践行社会主义核心价值观的自觉性。二是大力扶持学生社团建设，通过倡导和扶持各类学生社团建设，推动学生走自我教育、自我管理、自我服务的成长之路，特别是引导学生社团走出校园、走入社会，开展各种社会服务工作，在丰富多彩的社团活动中全面提高素质和锻炼能力，在服务社会的过程中培育社会主义核心价值观。指导学生开展“草根创业”活动，鼓励学生把个人的理想和奋斗与人民正在进行的奋斗相结合，同民族、国家需要解决的时代问题相适应，通过组织开展各类创业活动，引导学生在服务社会和他人的过程中寻找实现个人梦想的良机，努力把核心价值观的要求变成日常的行为准则和自觉习惯。

第四章 广东一线教育工作者谈社会主义核心价值体系建设学校实践

用“珍珠—项链法”构建学校社会主义核心价值体系建设工作体系

珠海市教育局　李东生

教育与经济的发展密不可分，经济的发展方式转变了，教育的方式也要随之转变。德育的工作形态要从自发性德育向构建性德育转变，具体来说要实现四大转变。

第一，从抓亮点到抓体系，从抓珍珠到抓项链。有两点要求：一是要把现有的珍珠串成项链；二是根据项链的要求来生产珍珠，而不是盲目地生产珍珠。

第二，从抓特色、品牌到抓顶层设计，整体推进、均衡发展。

第三，从“教”育（老师讲）到实践（学生动手），强调学生在实践中去参与、去感悟。

第四，从封闭式办学到开放式办学。引入第三方的力量，比如家长进学校、社工进学校、校风监督员进学校。

根据这四大转变，珠海市教育局提出了“珍珠—项链法”，用“四化”（主题化、逻辑化、精细化、模式化）方法，把学校和班主任的很多好做法串成体系，把很多好珍珠串成项链。

“珍珠—项链法”于2012年下半年提出，经过2013年和2014年的不断实践和完善，2015年在全市推广。理论和实际内容不断丰富，整体构建了中小学德育工作和班主任工作各十个基础体系（项链），给出具体做法，从而从理论高度，更从操作层面对学校的德育工作给出了具体的指南。学校德育工作的十个基础体系：校园主题文化体系；养成教育体系；学校德育的精细化管理体系；家校合作体系；课堂德育体系；大课间体育活动体系；书香校园体系；心理健康教育体系；德育主题实践活动体系；社团活动（兴趣班）体系。班主任工作的十个基础体系：班级精细化管理体系；班级主题文化体系；家班合作体系；激励和评价体系；特殊学生的科学管理体系；主题班会课体系；书香班级体系；家庭教育体系；班主任教育故事体系；家长育儿故事体系。

其中，学校德育的精细化管理体系，是社会主义核心价值体系建设的支撑，也让师生在日常实践中践行社会主义核心价值观。例如，制定班级精细化管理公约，经过全班学生充分讨论，内容清楚，全班学生都根据表格内容规范自己的言行，管理公约对本班所有学生一视同仁。家长进校园当志愿者，师生之间、家校之间、同学之间能够和谐、友善相处。学生在设计班级公约、班训、班级口号、班歌，选择自己管理事务的过程中，得到自由发展，每个学生可以充分发挥自己所长。学校在德育精细化管理的过程中，通过师生参与，将社会主义核心价值观融入师生的实际生活，使其在精细化管理体系建设中得到体现，学生和教师每天都在践行，并使其内化成为师生的自觉行为和行为准则。

校园主题文化体系，用校园主题文化弘扬中华传统优秀文化，寻找优秀文化传统的文化价值观支撑。将中华传统优秀文化引领向新时代社会主义核心价值体系建设。因校制宜，形成各所学校独特的精神文化、环境文化、活动文化和制度文化。例如，珠海香洲区吉莲小学打造“莲花”校园主题文化。在精神文化方面，对学生开展“小荷初露”“红荷映日”“荷之君子”等评选活动。在环境文化方面，种养特色莲花。在活动文化方面，引导学生了解莲、读莲、画莲、写莲，打造特色校本教材。珠海香洲十九小学打造“竹”校园主题文化。用竹子的“十德”

（正直、奋进、虚怀、质朴、奉献、卓尔、善群、性坚、操守、担当）引领学校的内涵发展，制定《十九小良好学习习惯细则》。师生及家长共同参与颂竹诗、写竹诗、画竹、摄竹、“我与竹子同成长”征文、跳竹竿舞、吹排箫。此外，还有香洲十五小学的“龙狮”文化，香洲杨匏安纪念学校的“田园风光”文化，斗门和风中学的“和”文化，斗门田家炳中学的“礼”文化，市实验中学的“善美”文化，北京师范大学珠海附属中学的“润”文化等。一校一特色，把校园文化与德育工作、社会主义核心价值体系建设实践关联起来。

培养学生成为传承红色基因的时代新人

——东莞市机电工程学校思政课的创新与实践

习近平总书记在学校思想政治理论课教师座谈会上的重要讲话深刻阐述了开设思想政治理论课的重要意义、目标任务和职责使命，对办好思政课作出重要部署、提出明确要求，为新时代中职学校推进思政课建设指明了前进方向，提供了重要遵循。青少年阶段是人生的“拔节孕穗期”，最需要精心引导和栽培。处于青少年阶段的中职学生是社会主义建设事业的建设者和接班人，他们的思想道德状况，将影响一代青年的思想观念、价值取向和精神风貌，直接关系到我国产业生力军的素质，关系到国家和民族的未来。通过什么样的方式让中职学生接受红色教育、传承红色基因，成为中国特色社会主义的合格建设者和可靠接班人，是每一位思政课教师的使命和责任，也是中职学校落实立德树人根本任务的重要途径。

近年来，东莞市机电工程学校落实党的教育方针，贯彻习近平新时代中国特色社会主义思想，坚持社会主义办学方向，把“立德树人”作为学校思政课的根本任务，融入“德技双高”的育人体系中，紧密结合时代要求，遵循中职学生的成长规律，深度挖掘红色文化内涵，创新思政课教学形式，把培养学生成为传承红色基因的时代新人作为全体教师的自觉追求，让思政课真正成为学生喜爱的精品课程。

一、开好常规思政课程，扣好中职学生的人生第一粒扣子

思政教育是中职学校的立校之本，也是中职学校发展的生命线。学校通过抓好思政课教师队伍建设、保障思政课开足课时、追求思政课教学实效来开好常规思政课程，让红色基因进课堂、进教材、进头脑，扣好中职学生的人生第一粒扣子。

（一）抓好思政课教师队伍建设

习近平总书记在学校思政理论课教师座谈会上提出，办好思想政治理论课关键在教师。东莞市机电工程学校加强思政“金牌”教师队伍的建设，在教师中倡导人人懂思政、课课融思政、事事讲思政，让思政内容成为校园文化和学校精神的主色调，构建全员、全课程、全领域的“大思政”教育体系，充分调动思政课教师的积极性、主动性、创造性，让思政课教师成为名师。

基于中职学生的知识体系尚在建构、价值观念尚未成型、情感心理尚未成熟的特点，学校要求思政课教师要用新时代中国特色社会主义思想铸魂育人，引导学生增强中国特色社会主义道路自信、理论自信、制度自信、文化自信，厚植爱国主义情怀，把爱国情、强国志、报国行自觉融入坚持和发展中国特色社会主义事业、建设社会主义现代化强国、实现中华民族伟大复兴的奋斗之中。

学校要求校长带头，党员教师共同参与上好思想政治课。学校曹永浩校长是“南粤楷模”、中国好人，注重青少年思想政治教育理论的学习与研究，曾应邀为《中等职业学校德育大纲（2014 年修订）》《中等职业学校学生公约》的颁布实施撰写配发文章，编写出版《18 岁前养成受用一生的好习惯》（广东高等教育出版社，2014 年 12 月）、《浩歌中华》（光明日报出版社，2016 年 11 月）、《浩歌亲恩》（广东教育出版社，2019 年 2 月）等思想教育学术著作多本，立志于培养学生的家国情怀。

学校重视思政课教师队伍科研能力的提升，聘请了华南师范大学心理学系主任、博士生导师陈俊教授担任学校开展信仰教育的心理学专家顾问，并作为样本学校参与了陈俊教授申报的 2016 年度教育部人文社会

科学重点研究基地重大项目“学生核心价值观形成的心理机制与培养研究”（项目编号：16JJD190002）以及2017—2018年度广东省青少年和青少年工作研究课题“青少年对共产主义信念形成的心理机制与培养研究”（项目编号：2017WT015）的研究。同时，学校在陈俊教授的指导下，正开展“中职生育德—育心—育人实践创新的心理学研究”的课题研究。

（二）保障思政课开足课时

根据《教育部关于中等职业学校德育课课程设置与教学安排的意见》（教成职〔2008〕6号），学校将思政课分为必修课程和选修课程两部分，保障思政课开足课时，同时加强思政课示范课堂建设，发挥示范引领作用。必修课程包括“职业生涯规划”“职业道德与法律”“经济政治与社会”“哲学与人生”，分别安排在一年级第一学期、一年级第二学期、二年级第一学期和二年级第二学期讲授，共计144学时。选修课程包括“礼仪”“心理健康教育”“就业指导”“生命与安全教育”，分别安排在一年级第一学期、一年级第二学期、三年级第一学习和三年级第二学期讲授，共计90学时。

此外，学校深入挖掘其他公共基础课、专业理论课和实习实训课蕴含的思想政治资源，与思政课同向同行，形成协同育人效应。围绕学习习近平总书记最新重要讲话精神，学校还不定期开设专题学习辅导课，充分发挥思政课的关键课程作用。

（三）追求思政课教学实效

推动思政课创新，要不断增强思政课亲和力与针对性。学校要求全体思政课教师在教学时要贴近学生、贴近职业、贴近社会，切实做到真学、真懂、真信、真用，多用通俗易懂的语言、生动鲜活的事例、新颖活泼的形式活跃教学气氛，努力打磨出学生想听爱学的走心思政“金课”，启发学生思考，增强教学效果。

学校要求思政课教师每周用15分钟时间开展形势与政策教育，学习习近平新时代中国特色社会主义思想和党的十九大精神等相关内容，把习近平新时代中国特色社会主义思想、党的十九大精神融入思政课堂教学，组织学生制作“宣讲党的十九大精神微视频”，开展生动活泼的十九大精神知识抢答活动等。学校的思政课堂深受学生欢迎。

学校要求思政课教师必须把社会主义核心价值观纳入到情感、态度和价值观的教学目标之中，每学期组织“社会主义核心价值观入课堂示范课”比赛活动，并多次在广东省东莞市范围内开展公开课活动，通过课堂主渠道真正将社会主义核心价值观内化于心、外化于行。

二、“三度”创新党建带团建思政课，用信仰铸魂育人

面对思政课的新形势、新挑战、新任务，学校在习近平新时代中国特色社会主义思想指引下，正本清源，守正创新，进一步增强德育工作的时代性、规律性、时效性，相继推出了以爱党、爱国、爱人民为主题的党建带团建思政课，力求让思政课更有力度、更有温度、更有高度，教育一届又一届的中职学生成为有信仰的人，完成铸魂育人、立德树人的历史担当。

（一）力度创新：党建带团建思政课之“学生成长十字箴言”

思政课力度创新的关键是师资，让有信仰的人讲信仰。学校全面贯彻党的教育方针，为解决好培养什么人、怎样培养人、为谁培养人这三个根本问题，针对中职学生应具有的人文素养和职业素养要求，把社会主义核心价值观教育细化为学生良好行为习惯的养成教育，创新性地提出了“学生成长十字箴言”：微笑招呼“诚”一点；坐正立直“雅”一点；仪容端庄“靓”一点；团结友爱“善”一点；令行禁止“正”一点；知书达理“文”一点；一技傍身“巧”一点；个性发展“酷”一点；拼搏人生“勤”一点；享受生活“乐”一点。结合社会主义核心价值观教育落细、落小、落实的要求，学校对“学生成长十字箴言”进行了三级解读，巧妙融入了核心价值观 24 字，使核心价值观的培育和践行与“十字箴言”所包含的 10 项素养、30 个好习惯的养成教育融为一体。

为了让学生对“学生成长十字箴言”入脑入心，学校开展“争先创优”活动，要求党员教师选择“学生成长十字箴言”中的一个字备课，走进各班团支部，由学生来自由选课，用党员思政教育“大超市”的方式开展巡讲活动，把社会主义核心价值观融入学生核心素养教育，培养

学生与真实世界相处的能力。2011 年 5 月，“‘学生成长十字箴言’党建带团建党员巡讲主题团课”活动案例作为广东省“争先创优”优秀案例由省教育厅上报到国家教育部。教育部在官方网站上做了专题报道，并用专篇简报的形式将其抄送给了时任的刘延东委员和李源潮部长。人民网也在“中国共产党新闻”栏目中进行了全文转载。2014 年 5 月，“‘学生成长十字箴言’党建带团建活动”项目入选全国共青团重点工作创新试点项目，是广东省入选项目中唯一一所中职学校的项目。

以“学生成长十字箴言”为基础，学校编撰了社会主义核心价值观教育青少年修养读本《18 岁前养成受用一生的好习惯》。该书在内容上深入浅出，把核心价值观的抽象概念转化为个人修养的具体要求，对“学生成长十字箴言”进行详细阐释，循序渐进，让学生易于接受。该书把“学生成长十字箴言”设计成十课，每字一课，每课含有“认知”到“养成”六项任务，用心理测评自省法、拓展体验教育法、潜能挑战激励法、习惯养成践行法，让社会主义核心价值观教育从“要我理解、要我遵循”真正转变成“我要理解、我要遵循”，最终使学生养成受用一生的 30 个好习惯。

学校依托“学生成长十字箴言”和《18 岁前养成受用一生的好习惯》一书，利用互联网技术为精心汇编的 60 个核心价值观教育故事设计独立的二维码，建设“核心价值观互动教育园”，实现“互联网 + 德育”。在核心价值观互动教育园内，学生用手机微信扫一扫书中的二维码，即可阅读核心价值观教育故事，发表感悟，分享转发，传播正能量。微信这种时尚、便捷的方式，增强了核心价值观教育的参与性、互动性，引导学生成为核心价值观的学习者、践行者和传播者。

2015 年 1 月，共青团中央在北京召开了学校创新试点工作总结会，东莞市机电工程学校作为全国中职学校的唯一代表做了培育和践行社会主义核心价值观的经验介绍，团中央书记处傅振邦书记高度赞赏《18 岁前养成受用一生的好习惯》一书。随后，傅振邦书记给曹永浩校长写亲笔信，赞扬学校思想政治教育工作成效显著。同年 5 月，学校的德育工作入选中宣部全国基层思想政治工作 100 个典型案例，曹永浩校长又一次在大会上做经验介绍，引起了社会各界的强烈反响，人民日报等各大媒体将学校的做法称为社会主义核心价值观教育的“东莞经验”。

（二）温度创新：党建带团建思政课之“浩歌中华”

思政课温度创新的上策是走心，让有信仰的学生更快乐、更高尚。为了让爱国主义教育更加贴近实际、贴近生活、贴近学生，学校在2016年编写了核心价值观教育优秀读物《浩歌中华》。《浩歌中华》以十首爱国歌曲为纲，内容分为十章，每章含有“浩歌中华”“悦读中华”“我为祖国读诗”“我为祖国代言”“爱国者联盟”“爱国全球通”等六个体验任务。学生可以通过手机微信扫描书中二维码的方式传唱爱国歌曲，听爱国诗歌朗诵，参加爱国知识竞赛，开展爱国行动，激发和培育家国情怀。

这本书一经面世就深受包括少数民族班中职学生在内的广大中职生的欢迎，因为它采用了走心的策略，创新了爱国主义教育形式。一是内容走心，用十首爱国歌曲的歌词，串起中华民族的历史文化、山川河流、民俗民风、伟大创举等，内容鲜活，通俗易懂，接地气；二是形式走心，将欣赏爱国歌曲、爱国诗歌，演唱爱国歌曲、朗诵爱国诗歌与爱国阅读互动教育结合在一起，采用互联网方式，是中国第一部手机伴侣书，形式新颖；三是模范引领，亲其师，信其道。编者曹永浩校长是全国教育系统先进工作者、广东省培育和践行社会主义核心价值观重大典型，曾多次应教育行政部门及职业院校的邀请赴全国各地作德育工作学术讲座，深受广大师生欢迎。

学校依托《浩歌中华》一书建立了“浩歌中华”爱国主义教育实验班，用学唱爱国歌曲、朗诵爱国诗歌、讲爱国故事、看爱国电影和书籍、升国旗体验活动、举行爱国微论坛、制作爱国微电影等形式开展爱国主义教育。通过这些课程的学习，学生普遍变得阳光自信，爱国主义信念显著增强，从而实现让有信仰的学生更快乐、更高尚。

学校还定期开展党建带团建主题团日活动之“我和浩哥一起唱中华”活动。曹永浩校长亲自登台，与学生同台演唱《我的祖国》《国家》《我的中国心》等爱国歌曲。该活动巧妙借用音乐的形式，激发学生对祖国的热爱之情，已作为学校党建带团建思政课的常规活动，持续性地开展。2016 年 12 月，在承办以“弘扬工匠精神，点亮职教之魂”为主题的广东省职业院校德育工作研讨会期间，学校举办了“浩歌中华”爱国主义教育专场文艺晚会，深受与会代表及师生好评。

学校培养学生爱国主义情怀的经验做法，被省内外兄弟学校借鉴。内蒙古巴彦淖尔职业学校组团前来取经；《浩歌中华》深受广东省工业贸易职业技术学校西藏班学生欢迎，该校团委还以《浩歌中华》为蓝本，对西藏班学生开展爱国主义教育活动。

（三）高度创新：党建带团建思政课之“浩歌党魂”

思政课高度创新的目标是育人，让有信仰的技术型人才成为大国工匠。2018 年，学校策划开展了“党建带团建”之“浩歌党魂”党史教育课，组建了十个由党员教师组成的备课小组，共同编写了《浩歌党魂》党史教育读本，在全国中职学校中率先对学生开展党史教育活动，让学校全体党员教师讲党课，让有信仰的人讲信仰，让学生传承红色基因。

“浩歌党魂”党史教育是学校创新党建、创新团建、创新育人的一项新创举。该课程被命名为“浩歌党魂”，就是要引导教师先演唱革命歌曲，激发学生的革命豪情，然后才讲革命故事，这样有助于学生更好地理解中国共产党的光辉历史。“浩歌党魂”巡讲课通过十首经典颂党歌曲切入主题，用红色历史、先锋榜样、革命景点、中国精神和建设成就等党史教育内容，以喜闻乐见、互动参与、情感体验的方式，解读党史，讴歌党魂精神，培养青年学生的爱国爱党情怀、文化自信、使命担当。该课程由十节课构成，每节课都有专门的党员备课小组，负责研讨和制订授课方案以及授课的具体内容。各班级团支部选课后，各备课小组的优秀党员教师走进班级进行授课巡讲。活动中，十个备课小组分别派出一名党员教师进行说课展示，党员教师们采用先进的授课理念和鲜活的授课方式，寓教于乐，注重价值引领，注重将党魂精神与学生生活实际、生涯规划相结合。

以第十课“中国人民强起来”为例，首先是歌曲导入，播放青春版《中国梦》“血凝一起，心聚一起，梦想把我们连在一起；天下归心，四海一家，全新时代从此开启”引出话题；其次是讨论分享，深入主题，让学生结合自身实际谈对中国梦的理解，让学生有话说，提高学生的课堂参与度，让学生对主题的理解更加深入；再次是视频欣赏，加深理解，播放“中国天眼”奠基人南仁东长期默默无闻地奉献在科研工作第一线，迈过重重难关，实现了中国拥有世界一流水平望远镜的梦想的精彩视频，引导学生为实现中国梦掌握好先进的技术技能；最后是展示图片，活灵活现，通过展示港珠澳大桥、“天舟一号”“蓝鲸一号”、航空母舰、“复兴号”高铁等图片，强化学生“厉害了，我的国”的自豪感。整节课摒弃了传统党课枯燥的上课气氛，尝试用新鲜的、有趣的、学生参与度高的方式来讲述党课。学校还邀请华南师范大学马克思主义学院从事党史党建研究的周建伟教授担任学校开展党史教育的专家顾问，定期对全体党员教师进行党史教育专业培训。

参加听课活动的同学对“浩歌党魂”巡讲课给予了高度评价，认为巡讲课对自身的成长有很大的帮助。青年学生陈金兵、李丛刚表示，听了学校“浩歌党魂”党史教育课，“让我们更加了解中国共产党的光荣历史，更加理解井冈山、延安等红色根据地的革命精神，更加深刻地认识到中国共产党是为人民谋解放、谋幸福的政党，这些对我们树立正确的人生观，立鸿鹄志，做奋斗者有很好的促进作用”。

在《浩歌党魂》完成之前，学校已经出版了《浩歌中华》和《浩歌亲恩》两本书。其中《浩歌亲恩》是家风家训教育读本，其中精选了10首经典歌曲、20个名门故事、30封感人家书、40条千年家训。学校通过开展《浩歌党魂》《浩歌中华》《浩歌亲恩》的大思政教育，构建了中职学校“爱党、爱国、爱人民”科学完整的大思政体系。

东莞是粤港澳大湾区的国际制造业名城，目前正处在产业转型升级的关键时期，需要大批的产业生力军。学校思政课的创新，培养了一批批德技双高的技术能手。核心价值观的践行，不仅激发了学生就业创业的活力，还给学生带来了未来职场上的自信。近年来学生参加国家、省、市级技能竞赛获奖达500多人次，学校是全国职业院校装备制造类示范点，产教融合、校企合作的人才培养模式曾连续两届获得国家级教学成果奖，成功打造了“学模具到东莞”的职业教育区域品牌。学校正成为培养有信仰、有技能的大国工匠的摇篮。

三、构建“三全”育人模式，培养社会主义建设者和接班人

习近平总书记指出：“社会主义核心价值观教育要像空气一样无处不在，无时不有。”多年来，学校一直在构建全员参与、全程管理、全方位渗透的育人模式，把思想政治教育与学生身边的人和事结合起来，贴近实际、贴近生活、贴近学生，创造性地开拓了一系列校园文化品牌。

（一）全校教职员都是思想政治教育工作者

为了做好学生的思想政治工作，学校要求教职员全部参与：无论是校长还是清洁工，都是学生思想政治教育的参与者。学校把行为习惯、纪律观念比较差的学生称为“暂时后进生”，提出“不舍弃、不放弃”的主张：不拒绝一个差生，不歧视一个差生，不放弃一个差生。学校把学习习惯比较差的学生称为“暂时学困生”，提出“一个都不能少”的主张，对每科成绩倒数后进的学生建立学习成长档案，让每一个学生都“学有收获、学有兴趣、学有信心”。

在文化知识考试中，学校可以允许出现成绩排在倒数第一名和不及格的学生，但在思想政治教育中绝不允许有最后一名和不及格的学生。培育和践行社会主义核心价值观是面向每一名学生，一个都不能少的工程。“非淡泊无以明志，非宁静无以致远”，学校只有把学生的心灵安抚平静，他们才会有自信、有梦想、有追求。

（二）思政教育贯穿学生从入学到毕业的全过程

学校遵循学生的成长规律，从学生心理、生理特点出发，创设了一系列校园文化品牌，让学生从入学到毕业，在喜闻乐见、生动活泼的文化活动中接受思想政治的熏陶。

学校把新生军训作为一项重要的工作来抓，开展了一系列特色鲜明、效果显著的国防教育活动，并专门编写出版了青春正能量读本《站直了，别趴下》，作为国防教育校本教材供新生军训使用，激发他们的积极性、主动性，培养他们的主人翁精神和良好的行为习惯。

“说出你心中的故事”访谈式德育校会被称为“使先知觉后知，使

先觉觉后觉”的“同伴教育”，是一种全新的、立足于平等对话、交流共享的思想教育形式。它通过学生自己的视角讲述他们经历的故事，以此来启发和教育学生，引发思考。访谈由团委负责人亲自主持，在学校大厅内布置温馨会场，当事人坐在前台，听众坐在台下，共同分享身边的故事、智慧、思想，一起欣赏身边的优秀的人，引导学生自省。至今学校已开展20多期访谈，如“我第一次人生就业的故事”“我最感激的人的故事”等，嘉宾主要是学生，也有教师、亲朋好友和企业人士。内容贴近学生生活，贴近学生所思、所想、所虑、所感，能解决学生思想中的实际问题，成为学生自我教育、自我管理、自我服务的重要阵地。戒之以祸，不若喻之以理；喻之以理，不若悟之以心。“说出你心中的故事”就是要把德育做到学生心里去。

“超市模式第二课堂”是学校获得教育部立项的课题，它将教师个性特长与学生兴趣爱好相结合，搭建教师个性资源与学生个性求知互动平台，开设有90多门课程，如电子报刊制作、英语面对面、插花艺术、游戏编程、点钞技能、经典阅读、魔术课堂、竞赛小组、股票分析、机器人、礼仪队、舞蹈社、跆拳道、棒球队、摄影、剪纸、街舞、动漫等，供学生选择。学生根据自己的兴趣挑选课程和教师，就像在超市购物一样，同时教师也可以挑选学生。由于师生各取所需，各展所长，“超市模式第二课堂”因此成为“因材施教”“多元智能教育”和“素质教育”的“大超市”。学校相信学生天赋其才，各有所长，“东边不亮西边亮，总有一项是强项”，通过组织开展丰富多彩的“超市模式第二课堂”活动，发现学生的特长，发挥学生的潜能，发展学生的个性，营造“人人都可成才、实现人生出彩”的氛围，让每个学生都感受到自信，让每个学生都体验到快乐，让每个学生都收获成功。

“经典歌曲对抗赛”源于部队的拉歌，经学校改编而成，侧重于培养学生的集体荣誉感、团队精神和包容欣赏的意识。鲜活幽默的拉词、鼓励对手的口号等，让各个参赛队伍豪情满怀，激情高涨。他们用嘹亮的歌声传唱了《歌唱祖国》《没有共产党就没有新中国》《团结就是力量》等饱含社会主义思想情感的经典歌曲，不断将拉歌赛推向高潮。整个活动的风采展示极具创意，充分展现了学生的青春魅力。“经典歌曲对抗赛”将校园文化建设和班级文化建设有效组合，用歌曲激发激情，不仅锻炼了学生大胆说话、大方处事、大度待人的能力，而且将情景迁移到了激情燃烧的岁月，让学生接受了社会主义思想信念的洗礼。

“快乐广播操”是学校独创的文化品牌活动，学校顺应学生喜欢玩乐的天性，放开约束，让各班集体在原有的标准广播体操动作的基础上进行创新，通过改编，融入舞蹈、武术、美术等元素进行表演。在旋律张弛有度的伴奏音乐引领下，学生舞之蹈之，欢欣鼓舞、内心愉悦地去演绎属于自己的“快乐”广播体操。在整个活动中，学生的身心得到了陶冶，人格得到了完善，友善、协作意识得到了培养。

（三）学校的思政小课堂与社会大课堂全方位齐头并进

学校除了按教育部文件要求开足思政课程，对学生开展有效的思想教育外，还把思政教育的外延扩展到家庭、街道、社区。2017 年，学校成立东莞市家风家训工作室。东莞市家风家训工作室全体成员在主持人曹永浩校长的带领下深入中小学校面向家长做“核心价值观，孩子的好习惯”等一系列主题报告，受益家长达 1 万多人。东莞市家风家训工作室开设了家庭教育微信公众号，每周定时发布家庭教育和理想信念教育文章，目前已发布 71 篇原创文章，累计点击量达 20 多万人次。学校在全国率先成立党员家长工作室，并定期邀请党员家长前来学校为学生做思想教育讲座。

此外，学校还开展“我是社会主义核心价值观代言人”系列活动，组织了“我是社会主义核心价值观代言人”学生宣讲团。目前，学生宣讲团到学校各校部开展社会主义核心价值观宣讲活动已达 30 多场。学生宣讲团成员还深入科技园、长青街、万达广场等社区企业开展“我为社会主义核心价值观代言”快闪活动，让学生以第一人称的方式传播社会主义核心价值观，加深对核心价值观的领会和认同感，提高自身的政治思想素质。

东莞市机电工程学校思政课的创新与实践，收到了显著成效，得到中宣部、教育部和团中央的肯定。学校获评全国中等职业教育德育工作先进集体、教育部国防教育特色学校、广东省培育和践行社会主义核心价值观示范点、广东省依法治校示范校、广东省“书香校园”、广东省语言文字规范化示范校、广东省“绿色学校”、广东省五四红旗团支部等荣誉称号。2018 年 12 月 13 日，全国人大职业教育法修改专题调研组前来学校调研，主持调研活动的全国人大常委会委员、教科文卫委员会副主任委员杜玉波高度赞扬了学校把立德树人真正贯穿到教育教学全过程的做法，认为学校办出了高质量、高水平的职业教育，表示要把学校立德树人的经验提炼好、概括好，在修订职业教育法的过程中将其转变成法律的语言。2019 年 3 月 27 日，教育部在北京召开了全国中小学思政课教师座谈研讨会，学习贯彻习近平总书记在学校思想政治理论课教师座谈会上的重要讲话精神。曹永浩校长作为广东及全国中职学校的唯一代表，在研讨会上做了题为《发挥党组织作用，开好办好中职学校思想政治理论课》的发言，与国内职教界同行交流了学校加强思想政治理论课的做法和经验。

随着产业升级和经济结构调整不断加快，国家对技术技能人才的需求越来越迫切，职业教育作为一种类型教育被摆在了与普通教育同等重要的位置上。东莞市机电工程学校将不忘初心、牢记使命，不断探索产教融合、校企合作的人才培养模式，坚持把培养一代又一代有信仰、有情怀、有文化、有技能的大国工匠当作全体教师的自觉追求，让学生成为传承红色基因、心灵闪亮的奋斗者和接班人。正如习近平总书记所提出的，“人民有信仰，民族有希望，国家有力量”。

“六个融入”促进社会主义核心价值观建设

中山市体育路学校校长　孙华

2014 年，中山体育路学校荣获“培养和践行社会主义核心价值观示范点”荣誉称号。一直以来，学校坚持做到“六个融入”，即将培育和践行社会主义核心价值观融入校园文化环境、融入教育教学全过程、融入实践活动全过程、融入管理服务全过程、融入传统教育全过程、融入队伍建设全过程，形成了课堂教学、社会实践、校园文化多位一体的育人平台，建立了爱祖国、爱学习、爱劳动活动的长效机制，学生展现了健康向上的人生追求和精神风貌。

一、融入校园文化环境

体育路学校以“奏响童年最美的旋律，绘就未来最美的蓝图”为办学理念，以“未来就在今天”为校训，以“教育让生命更美好”为办学追求，创编了《修得花儿开》修身之歌和学校的校歌，设计了朝气蓬勃的校徽等，通过“人格美、仪表美、言行美、才艺美”的校风和“以学为乐，学以致远”的学风，努力打造学校的文化内核，激励师生爱学校、爱学习，共建校园文明。学校精心设计和组织开展内容丰富、形式新颖、吸引力强的劳动技能、科技体验、文娱体育等校园文化活动，如，“职业体验”“每月一菜”“养花种菜”“阳光历奇”“徒步研学”“科技节”“体育节”“文化节”“读书节”等，把德育、智育、体育、美育渗透到校园文化活动中，使学生在活动参与中思想感情得到熏陶、精神生活得到充实、道德境界得到升华。

体育路学校校园中随处可见社会主义核心价值观宣传。每一层教学楼贴有社会主义核心价值观 24 字、“中国梦，我的梦”“成功的人生，从好习惯养成开始”等条幅标语。每一个教室门口，则张贴着“学习核心价值观，争做美德少年”的荣誉榜。教室里除了黑板外，另外三面墙上也贴满了“每天五问”“十个好习惯”“孝德两问”等各种行为要求、荣誉榜与班级奖状等。

二、融入教育教学全过程

体育路学校围绕立德树人的根本任务，把社会主义核心价值观纳入教育各领域，落实到教育教学各环节。学校积极发挥课堂教学的主阵地作用，激活各门课程蕴含的社会主义核心价值体系教育资源，寓德育于各学科教学。

在课堂上，各科老师积极有效地将教学内容和德育教育结合起来。在语文课上，大家通过对课文事例（故事）、文中插图等感性材料的初步阅读、观摩、分析和概括，明白课文讲的“是什么”“为什么”“怎么做”的道理，并在每个教育内容中渗透德育内容，帮助学生形成正确的世界观、人生观、价值观。在数学课上，老师们积极结合应用题中的小内容及时告诉学生在生活中要勤俭节约。这一过程，也并不是简单的说教和灌输，而是大量使用电教手段，使教材化静为动，有声有色，不受时间、空间等因素的限制，得到再现和展示，为学生提供了丰富多彩的感性材料，使学生通过直观、形象地学习课文内容，明白其中蕴含的道理。

三、融入实践活动全过程

学校通过组织“日行一孝”“三心教育”“家风建设”和打造“修身课程”体系等培育和践行社会主义核心价值观，使学生在核心价值观的沐浴下健康成长；利用“建党节”“抗日战争胜利纪念日”“国耻日”“国庆节”等重要时间节点，深化“我的中国梦”主题教育实践活动，并通过“每期一梦”，让孩子把自己的小小梦想与“中国梦”联系起来，增强爱国情感；学校设立“学生发展中心”，落实《中小学生守则》，加强学生行为规范养成教育、文明礼仪教育等；充分利用各种德育课程、升国旗仪式、少先队活动、主题班会等开展道德教育实践，实行全程育人、全方位育人；抓好“$2+2+n$”心育流动课堂，加强学生心理健康教育，培养学生阳光心态、健康人格。

近年来，学校先后获得“广东省培育和践行社会主义核心价值观示范点”“省文明单位”“省德育示范学校”“省心理健康教育示范学校”等殊荣。

四、融入教育管理全过程

体育路学校创新教育管理，完善考核、表彰的激励机制，褒奖师生的善行义举，实现管理效能与道德提升相互促进，形成好人好报、恩将德报的正向效应。各班每周评选模范之星，每月开展“美德少年”“孝顺之星”评选活动，在日常管理中彰显社会主流价值。

为了保障心育工作的有效开展，学校从2013年开始配备了2位专职心理教师，成立了心理健康教育科。学校心理健康教育阵地配置齐全，一个是心灵乐园、另一个是心灵氧吧。学校定期开展丰富多彩的心理活动，每周安排一次做心理健康操，让师生学会放松身心。健康操一共八式，静中有动，动中有静，让学生能够静心自省，调节情绪，提高自我管理能力。每周一次育子心理沙龙活动，每周一个主题，与家长们进行交流沟通，该活动受到家长、老师们的热烈欢迎。每学期一次心理健康教育活动周。心理健康教育组每学期围绕一个主题，组织开展内容丰富、形式灵活多样的心理健康教育活动周活动。如，组织心理漫画比赛、心育小报比赛、观看心理电影写观后感等。学校被评为省心理健康示范学校。

五、融入传统教育全过程

传统文化是社会主义核心价值观的重要“营养源”，是社会主义先进文化的重要组成部分。以国学为主体的优秀传统文化，是做好学校德育工作的又一重要载体。学校发掘并弘扬中国传统文化的精髓，不断促进学校社会主义核心价值观建设。大力开展国学课题研究和实践。

学校设法将国学教育与学校语文教学、思想品德课程紧密结合，让《大学》《弟子规》和《论语》等传统国学课本成为学生的选读或必读教材。

六、融入教师队伍建设全过程

体育路学校一贯以来高度重视教师队伍的师德建设，有健全的师德建设长效机制。学校加强教师的职业理想和职业道德教育，使教师拥有教书育人的责任感和使命感；教师关爱学生，严谨笃学，以自己的人格魅力和学识魅力教育感染学生，用最敬业的精神向家长和孩子们兑现“你的孩子，也是我们的孩子，你亲我们更爱”的社会承诺，做学生健康成长的指导者和引路人。学校把“有理想信念、有道德情操、有扎实知识、有仁爱之心”的四有教师标准作为教师发展的核心素养，卓有成效地打造了一支“师德高尚、业务精湛”的教师队伍，严格落实上级关于严禁在职中小学教师有偿补课、收受礼品礼金等工作，将师德表现作为教师考核、聘任（聘用）和评价的首要内容。

学校被评为“中山市师德建设先进单位”，教师的先进事迹则被拍进了“中山市党员教育宣传片”。

第五章
广东学校社会主义核心价值体系建设实践反思

广东省各级各类学校的社会主义核心价值体系建设实践，结合自身环境和特色，因地制宜，形成了一些可供参考的经验。这些各具特色的实践活动和尝试，可以促进我们对广东学校的实践理念、实践方法和具象化实践载体方面的共性和特征加以思考和反思。

第一节　实践理念

一、珍视岭南优秀精神文化遗产

在广东学校的社会主义核心价值体系建设实践中，我们可以观察到广东教育思想的内在承继发展脉络。明清以来，岭南地区不乏在教育思想上有所贡献、在价值观教育实践上有所贡献的人物。他们的思想理念，于今，仍不失为一笔宝贵的文化遗产，成为今天中国社会主义核心价值体系思想中的源头活水之一。广东学校的育人实践呈现了岭南教育领域扎根乡土，饱含家国情怀，同时兼具开拓创新的特质，呈现了对岭南历史上的优秀精神文化遗产，对岭南思想家、教育家们的思想遗产的珍视。在教育活动中，广东学校继承并发扬了岭南先贤的精神遗产。我们不妨从历史长河中采撷其中几位的思想遗珠。

明代理学家陈献章在家乡江门白沙村阳春台开启的研学育人实践，可谓开岭南教育风气，成为从祀孔庙的“岭南一人”。陈白沙打破程朱理学沉闷僵化模式，开启明代心学先河，成为承前启后、转变风气的关键人物，也为岭南学风树立了一面旗帜。在治学方法上，白沙先生提倡向己心求索宇宙之道，克服有我之私，使心不为外物所累。于静中养出端倪，观书博识，不如静坐。求简约，行静坐，面对古往今来的经典，不要死读书，读死书。他在《道学传序》里告诫学者以我观书，去领悟书本中的道，而非徒然以书博我：“六经，夫子之书也；学者徒诵其言而忘其味，六经一糟粕耳，犹未免于玩物丧志。……学者苟不但求之书而求诸吾心，察于动静有无之机，致养其在我者，而勿以闻见乱之，去耳目支离之用，全虚圆不测之神，一开卷尽得之矣。非得之书也，得自我者也。盖以我而观书，随处得益；以书博我，则释卷而茫然。”① 没有用心体悟的读书无异于玩物丧志。读而后贵疑贵反思，书为我所用，达到内外合一。这种重疑问，贵真知，重自我体悟，少教条灌输的方法和态度打破了当时学界一潭死水的教条，使得个体的内在主体性活泼生发起来，开拓出岭南朴素本真的理学风气。他教育后辈要立志，“砥柱屹中流，有力始能荷。汝患志不立，不患名不大”②。重视气节，“名节，道之藩篱，藩篱不守，其中未有能独存者也”③。屈大均形容“其学盖本诸心，其功则得于静”。他的思想放在今天的育人事业上，仍有其超越时代的滋养价值。

明代思想家、教育家湛若水，这位传承白沙先生衣钵的高徒，从增城新塘沙贝小山村走出来，最终创立甘泉学派，自成理学一大门派。湛若水一生在全国创办书院近40所，学生弟子数千人。在西樵山授徒讲学时，他要求学生先习礼、明学规，静坐聚精会神，接着才授课。他一生节俭，将所得俸禄皆拿来开馆授学，置办馆田。在教育理念上，湛若水鼓励后辈学习要先立志，匹夫不可夺志。同时他反对知先行后，主张体认兼知行、知行并进。屈大均在《广东新语》中引用世人对甘泉之学的点评，比较湛若

---

① 陈献章. 陈献章集：卷一［M］. 北京：中华书局，1987：20.

② 陈献章. 陈献章集：卷一［M］. 北京：中华书局，1987：313.

③ 陈献章. 陈献章集：卷一［M］. 北京：中华书局，1987：236.

水与王阳明思想的不同风格，“阳明之学过于高，惟甘泉所论，纯粹平正，上下皆可企及”，王阳明、湛若水所开创的不同学术流派，被世人“号阳明之派曰浙宗，甘泉之派曰广宗”。① 湛若水的一生也在践行他的知行并进的教育理念，没有停下他四处开馆讲学的步伐。后人传颂高寿的他 80 岁还在南岭筑室教诲衡阳人士，92 岁，还在殷殷访友。平实、行动之风，颇有岭南人的风骨。这种精神气韵也在今天不少广东教育工作者的身上得到承继。

清代，著书点评陈白沙、湛若水学派的屈大均，也是岭南文脉上的一颗明珠。这位早年揭竿反清，曾避祸为僧，中年改儒服，晚年归乡著述的番禺才子，生前著述曾遭康、乾焚禁，但仍为后人留下了“屈沱五书”。《广东新语》，成为广东人文、地理、风物、风俗的百科全书，为后世岭南历史、民俗研究留下了宝贵的广东地情史料。屈大均留给后世的是对乡土文化的珍视和眷恋，对我们今天学校扎根中国大地的乡土文化继承与创造性转化教育实践不失启发。从广东学校的社会主义核心价值体系建设实践中，我们也可以观察到不同类型学校将地方文化资源和优秀遗产引入学校德育工作中，提升德育质量，同时也实践着地方文化的代际传承与升华。

近代历史变局中，岭南先贤人物辈出。晚清，康有为在广州万木草堂讲学，花 8 年时间实践教育模式的变革。改良传统六艺教学方式，重新诠释儒家思想，增加数学、枪械等西学学科，探索思考中体西用救中国的改良方法。在教育理念上，康有为强调培养治国人才，视兴办学校，广开民智，普及大众教育为当务之急。直指科举考试弊端，倡导兴办新式教育。重视德育，强调做人为学“耻无志，耻徇俗，耻鄙吝，耻懦弱”。康有为在其寄托社会理想的《大同书》中，倡导人人平等的教育理想，为女性争取平等的受教育权利，构筑了“育婴院”“小学院”“中学院”“大学院”四个阶段的学校教育体系。每个阶段都有针对不同年龄心智发展特征和需要的教育目标。育婴院的学前儿童教育注重儿童的身体健康；小学院为 6 ~ 11 岁儿童，注重对这些性情尚未确定的孩子的品德教育；中学院是对 11 岁到 15 岁少年进行体育、智育、德育的关键时期，也要开启说理性教育；大学院对

① 屈大均. 广东新语：卷十［M］. 北京：中华书局，2006：308.

16 岁以上的青年进行为期 5 年的专业化教育，这一时期育人的重点则是学以致用，关注学院以外的社会现实需要，让智识教育服务社会实践。虽然康有为的《大同书》不乏空想，但对教育阶段性重点的思考，于今仍有其价值。

在发展新式教育上，梁启超的教育理念与老师康有为不乏共识。梁启超认为变法之本，在育人才；人才之兴，在开学校；学校之立，在变科举。也强调兴办小学是发展教育的根本，主张政府推行义务教育。不过，不同于康有为对儒学价值观的重新诠释和推崇，梁启超则推崇培养国家和社会的“新民”。在其《新民说》中，他强调一个国家要想发达富强就必须全力以赴缔造新国民，而新民的特质是利群的，权利与义务统一的，应该是独立、进取、自新的。新民的培育，道德修身为以公德为重，以私德为先。教育中重视培养科学精神和科学方法，重实事和实理，反对务虚。梁启超的早期国家理念中，也萌生出朦胧的自由意识。康有为、梁启超的思想虽然带着时代的局限，却也开启了近代以来的教育思想启蒙。

清末，近代教育改革先驱、教育家、诗人黄遵宪，梅州人，年过半百后退隐嘉应，创办嘉应兴学学会，兴办学校，改革教育，后捐出毕生积蓄，兴办东山初级师范学堂，为后人景仰传颂。

跟随黄遵宪办学的丘逢甲，是我国近代杰出的爱国志士、卓越的教育家，他批评教育弊端，认为欲开民智、张民权，非主张精神教育不为功。他非常重视思想政治教育和道德品质教育，在粤东地区的办学活动中，结合教育教学进行革命维新的思想政治启蒙，他也非常重视对子弟进行爱国主义教育、宣传平等、自由、民主等理念。

近代民主革命先驱，政治家、思想家和教育家孙中山，将教育作为实现民主革命目标的手段和方法，也贡献了自己的教育思想。他将教育视为立国根本。辛亥革命期间，孙中山在《令教育部通告各省优初级师范开学文》中指出：“学者，国之本也，若不从速设法修旧起废，鼓舞而振兴之，何以育人才而培国脉?”中华民国初创时期，孙中山系统设计了国家教育现代化的理想图景，开创性地做了许多教育事业的规划工作，主张教育的平等和平权。他多次提出办教育是最重要的大事，建设一个新地方，首在办教育。孙中山极为重视青少年教育。孙中山也强调要重视教育的普及工作，要令普通人民都可以得到教育，人人知道替国家去做事。在1920年的《地方自治实行法》中，孙中山提出人生在衣、食、住、行四种需要之外，首当注重于学校。他将学校当作地方发展的原动力，指出“学校者，文明进化之泉源也。必学校立，而后地方自治乃能进步”。孙中山一直重视道德教育。提醒年轻的读书人第一重要是要立志。1924年，在对岭南学生欢迎会致演说词时，他讲道：“古今人物之名望的高大，不是在他所做的官大，是在他所做的事业成功。如果一件事业能够成功，便能够享大名。所以，我劝诸君之志，是要做大事，不可做大官。”广东名校中山大学，孙先生立下的“博学、审问、慎思、明辨、笃行”校训被师生铭记。同时，被一代代师生们铭记的，还有孙先生“诸君之志，是要做大事，不可做大官”的训诫。孙中山鼓励青年学生作为有聪明能力的人，磨砺替众人来服务的新道德，也倡导国人以爱身爱家之思想之能力，合而爱国。孙中山的教育思想，以其革命性、民主性、现代性，为中国的国民教育掀开了新的现代篇章。

曾任中山大学校长的教育家许崇清，在教育理念上重视实践，重视人在实践中自主学习。他反对学校教死书，学生读死书，把学生生龙活虎的元气看得非常重要。他反对学校脱离社会，教育脱离实践，主张学校要社会化，也要让学生活在社会刺激中，而不能脱离社交、脱离社会，甚至反社会。他反对帝国主义的文化侵略，强调教育主权。在主持广东省教育工作期间，他倡导中小学教师研学哲学、社会学、心理学。倡导开展工人识字教育，开拓乡村教育和社会教育，发展师范教育和职业技术教育。他研究马克思主义教育理论，在中山大学开办社会学，讲授辩证唯物主义的教育哲学。晚年，他认为，培养全面发展的人应该提到社会主义国家的“国家任务”以及社会主义社会的历史任务上来。

在新旧民主革命时期，岭南先贤们的教育思想承继了革命性、现代性和民主性。例如，从惠州农村走出来的邓演达，继承和发扬孙中山的教育思想，倡导平民革命，平民教育，为平民提供平等的教育机会，举办农民教育、职业教育，摒弃封建糟粕。马克思主义思想传进中国之后，在岭南学界，也有一批教育家、思想家吸收和发展马克思主义理论，在教育实践中探索马克思主义思想中国化的路径。中国共产党的主要创建者和早期领导人之一李达，曾经执教中山大学，毕生致力于马克思主义理论的研究、传播与教育。新中国成立后，李达认为教育应当与社会主义的发展相一致，应该用马列主义、毛泽东思想指导社会主义的教育事业，并强调加强马克思主义信念教育，鼓励学生研读学习马克思著作。他的思想对今天的学校思想政治教育、马克思主义中国化和大众化研究仍有意义。

除了教育思想的丰富资源，岭南还具备突出的红色革命精神资源、爱国主义精神资源。岭南爱国革命志士、爱国华侨辈出，一大批名人志士的事迹、精神，以志士故乡、纪念学校、母校等形式被乡人牢记，被各地各类学校因地制宜纳入了学校的自身文化价值观建设当中，成为学校社会主义核心价值体系建设中的一个鲜活的精神遗产和办学特色。这也是让子孙后代不忘国史的最生动诠释和实践。

岭南人民的革命精神、爱国主义精神、开拓创新精神，汇入了中华文化精神的精髓，滋养着后辈子弟们的精神成长。近现代以来，岭南文化风气开放，立足乡土，放眼世界，务实、包容，这些都是地方文化精神中有益的优秀成分。在今天广东学校的社会主义核心价值体系建设中，不同历史时期的岭南文脉精神元素源源不断汇入今天广东学校社会主义核心价值体系的实践理念当中，成为中国特色社会主义思想教育的源头活水之一。

二、促进新时代广东学校德育思想的升华

立德树人是教育的根本。德育工作始终是学校教育工作的重点，有其复杂性和长期性。道德规范随着时代的变迁而需要直面自身的扬弃和进步，德育思想也需要与时俱进，了解不同代际人群的不同特点，应对不同时代的不同问题。在中国共产党第十九次全国代表大会报告中，我们可以看到中国对当前主要矛盾变化的基本判断：“中国特色社会主义进入新时代，我国社会主要矛盾已经转化为人民日益增长的美好生活需要和不平衡不充分的发展之间的矛盾。我国稳定解决了十几亿人的温饱问题，总体上实现小康，人民美好生活需要日益广泛，不仅对物质文化生活提出了更高要求，而且在民主、法治、公平、正义、安全、环境等方面的要求日益增长。同

时，我国社会生产力水平总体上显著提高，社会生产能力在很多方面进入世界前列，更加突出的问题是发展不平衡不充分，这已经成为满足人民日益增长的美好生活需要的主要制约因素。”在变化了的新情况下，如何为中国特色社会主义培养出具备优良品德与健全人格的社会主义人才，实现中华民族伟大复兴的中国梦，是这个时代立德树人的目标所在。新时代社会主义道德发展的方向需要教育工作者有更为深刻的认识。

道德是以善恶为评价方式，主要依靠社会舆论、传统习俗和内心信念来发挥作用的行为规范的总和。道德的产生有其主、客观条件，道德是人们的社会存在即社会关系的产物，是人类在长期的物质生活和社会实践中产生和逐步形成的。劳动是道德起源的首要前提。劳动在创造人的同时也形成了人与人的关系，原始的劳动分工与协作，使相互依赖、相互扶持自觉/不自觉地成为当时最自然、最朴实的道德生活状态。社会关系是道德赖以产生的客观条件。道德是适应社会关系调节的需要而产生的。人的自我意识是道德产生的主观条件。人只有在社会实践中，充分意识到自我作为社会成员与其他动物的根本区别，意识到自我在社会中的角色与地位，意识到自我与他人或集体不同的利益关系，并由此产生调节利益矛盾的迫切要求时，道德才得以产生。从本质上看，道德是一种特殊的社会意识形态。经济基础对道德有决定作用，道德在一定条件下对经济基础有能动作用。道德是反映社会经济关系的特殊意识形态。道德的产生、发展和变化，归根结底源于社会经济关系。道德的性质和基本原则、规范反映了与之相应的社会经济关系的性质和内容；道德随着社会经济关系的变化而变化；道德作为一种社会意识，在阶级社会里总是反映着一定阶级的利益，因而不可避免地具有阶级性。道德是社会利益关系的特殊调节方式，与法律规范、政治规范的不同之处在于它用善恶标准去评价，依靠社会舆论、传统习俗、内心信念来维持，是一种非制度化的、柔性的规范。道德是一种实践精神，本质上是知行合一的，能够改造世界、价值评价、提升现实。道德源于人的社会生活需要，又服务于人的社会生活需要。道德的功能是多元的，同时也是多层次的。道德为人们的行为选择提供指南，因此具备认识功能。同时，它规范社会成员行为，规范个人品德养成，具备规范功能。人们通过道德评价等，指导纠正人们的行为和实践活动，协调社会关系和人际关系，因此发挥着调节功能。因其对社会风气的正向引领作用，它也具备导向功能、激励功能。但同样，我们也要认识到，封建时代的人伦纲常，并不都是起到正向的作用，它同样也会成为时代发展中束缚人的裹脚布。道德同其他社会意识形态一样，不是千古不变的，人类道德的发展是一个曲折上升的历史过程。而道德发展的历史过程与社会生产方式的发展进程大体一致。道德发展的总体趋势也充满了艰辛和曲折的变数，并不都是直线上升前进的，而是螺旋式上升、波浪式地在一代代人的反思、变革中艰难推向前进的。道德的发展和进步也成为衡量社会文明程度的重要尺度。

我们倡导新时代的社会主义道德，需要吸收和借鉴人类文明历史上的优秀道德成果，也需要在扬弃中继承和发展。当我们用历史的眼光认识到奴隶社会、封建社会、资本主义社会道德的局限性，认识到人类社会必然的命运共同体发展趋势，才能真正认识到社会主义社会、未来共产主义社会的先进性，以及道德追求上的先进性。中华传统美德是人类文明发展的重要精神财富，是社会主义道德建设的源头活水。中华传统美德当中，有一些基本精神，至今于我们的社会凝聚发展有益。例如，爱国主义的精神传统，改革创新的精神；公而忘私，重视集体利益的精神；推崇“仁爱”原则，注重以和为贵的精神；提倡人伦价值，重视道德义务的精神；追求精神境界，向往理想人格的精神；强调道德修养，注重道德践履的精神……这些都是中华文明的优秀精神财富。同时，我们也需要对传统文化进行创造性转换和创新性发展。继承传统文化中向上与向善的部分，与时代精神相契合、与社会主义本质要求相适应的部分，摒弃束缚人的全面自由发展和真正解放的部分。把其中带有阶级和时代局限性的成分剔除，把其中具有当代价值的道德精神发掘出来。用中华传统美德滋养社会主义道德建设，需要古为今用、推陈出新，面向大众，回归到服务人民上。不能简单持有复古论，亦不可持虚无论，对中华文化的历史应有辩证的认识。在对待不同国家不同历史时期的文化时，我们也应该引导学生认识到，文明因交流而多彩，文明因互鉴而丰富。要坚持以我为主、为我所用，批判继承其他国家的文明成果。

革命先烈，为实现社会主义和共产主义理想而奋斗，革命精神中有很多内容值得我们运用在思想道德教育当中。例如，他们所践行着的全心全意为人民服务的精神，始终把革命利益放在首位的精神，以及在革命中所体现的，对等级观念和特权思想的摒弃，对平等意识的推崇，树立社会新风，修身自律、保持节操，建立新型家庭关系和培育良好家风的传统，都是值得继承的优秀精神遗产。

现阶段，中国特色社会主义道德理念，在承继中华传统美德的基础上，要坚持以为人民服务为核心，以集体主义为原则。

1944 年 9 月 8 日，毛泽东在张思德追悼会上，做了题为《为人民服务》的演讲。从那时起，为人民服务成为中国共产党人把马克思主义基本原理与中国革命、建设、改革的具体实践相结合的伟大创造。为人民服务，不仅是坚持历史唯物主义的必然要求，是中国共产党践行的根本宗旨，也是社会主义道德观的集中体现，是全体中国人民共同遵循的道德要求。人民立场，在党的十九大报告中被再次强调，新时代坚持和发展中国特色社会主义的基本方略中，提到了要“坚持以人民为中心。人民是历史的创造者，是决定党和国家前途命运的根本力量。必须坚持人民主体地位，坚持立党为公、执政为民，践行全心全意为人民服务的根本宗旨，把党的群众路线贯彻到治国理政全部活动之中，把人民对美好生活的向往作为奋斗目标，依靠人民创造历史伟业。”2018 年 5 月 5 日，习近平在纪念马克思诞辰二百周年大会时，在指出今天的中国，马克思主义的时代价值时，提到其中的一点：“马克思主义之所以具有跨越国度、跨越时代的影响，就是因为它植根人民之中，指明了依靠人民推动历史前进的人间正道。”为人民服务，并非只适用于共产党员，也适用于所有劳动者。每个劳动者和建设者都在为社会、为他人同时也是为自己而劳动和工作。各行业的劳动者和建设者，只是社会分工不同，没有高低贵贱之分。同样，在学校教育中，也需要让学生认识到应该从自己力所能及的事出发，与人为善，服务他人，奉献社会，弘扬为人民服务的精神，尊重人、理解人、关心人，为人民、为社会多做好事、多做贡献。

从封闭的部落生活，到今天越来越密集的跨国流动，人类社会越来越相互影响、相互依赖。对今天的青年学生而言，极端的个人主义会成为他们自身发展的桎梏，带来的不是归属感、获得感、愉悦感，而是更多的孤独、抑郁等心理问题。正如马克思所认为的，人类的本质是一切社会关系的总和，脱离了他人、社会，人也不能成其为真正意义上的人。青年学生容易认为，集体主义是压抑个性，限制个人的自由。这是一种误读。当然，历史上，集体主义也有被理解偏离的时期。实际上，集体主义原则应适应社会的实际变化，不断补充、丰富和完善，集体主义强调国家利益、社会整体利益和个人利益的辩证统一，集体与个人，“统”与“分”，是相互作用、相互依赖、互为前提的辩证统一关系。偏废任何一方都会造成大损失。集体主义强调国家利益、社会整体利益高于个人利益，但牺牲并不是任意的，只有在不牺牲个人利益就不能保全国家利益、社会整体利益的情况下，才要求个人为国家利益、社会整体利益做出牺牲。归根到底，既是为了维护国家、社会的共同利益，也是为了最终维护个人的根本利益和长远利益。集体主义重视和保障个人的正当利益。只有在国家、社会中个人才能获得全面发展，才可能有个人自由。那种把集体主义看作对个人的压制、对个性的束缚的思想，是与集体主义的本意相违背的。

在这个承前启后的时代，价值观教育实践的参与者需要站在历史的新起点上，在精神内核上继承过往，直面未来。十年树木，百年树人，人类的未来需要培养什么样的人，这需要教育工作者不断在实践中思考，也需要在实践中不断坚定理想信念。

三、凸显社会主义核心价值体系思想的精准内核

在学校思政教育工作中，对社会主义核心价值体系内容的传播、传授应该是精准的。广东学校的思政课程设置、讲授上遵循了这一基本原则。社会主义核心价值观是社会主义核心价值体系的精神内核，它体现了社会主义核心价值体系的根本性质和基本特征，反映了社会主义核心价值体系的丰富内涵和实践要求，是社会主义核心价值体系的高度凝练和集中表达。在面对不同年龄阶段的学生时，应该尊重儿童心理认知发展的规律，对社会主义核心价值体系内容的讲解应该通过针对性的科学教育方法，化育人

心。对于幼儿园、小学阶段的孩子，社会主义核心价值观教育的呈现，可以采用生动活泼的童谣、故事、游戏活动、礼仪活动的形式，更容易让孩子产生积极的互动和共鸣，身心行为上能有所浸润、记忆和感悟。而对中学、大学阶段的青年，则需要更多通过回答困扰青年心灵的人生与社会的问题，产生对社会现实的关注，对价值观等哲学问题的理性思考，逐渐呈现社会主义核心价值体系思想的学理性。代表社会主义核心价值体系内容的经典著作，需要教育者引领学生由浅入深地阅读。在自我身份意识萌发的阶段，也需要思想政治工作者更多帮助学生从肤浅化、娱乐化的社会流俗、愚见、弊病中走出来，扣好人生的第一粒扣子，找到真正的自我完善道路，爱党爱国，树立志向，砥砺前行，奉献社会，创造美好生活。

第二节　实践方法论

一、重以学生为本

在广东学校的实践中，不少学校采取的以学生为本的实践方法论思路，使得体系建设的服务目标更为明确。无论何时，教育始终要以学生为本，只有秉承以学生为本的理念，新时代思想政治教育工作才能有的放矢。以学生为本的教育理论研究，国内学界已经有不少成果。从 20 世纪初英、美教育学家海沃德、杜威阐释以来，以学生为本的教育理论，强调学生学习的主体性和主动性，其思想影响了 20 世纪中国的教育学家。我们看到，广东很多学校的课程设计也是围绕“以学生为本”的理念展开实践探索的。但容易令人误解的是，“以学生为本”就是完全投学生所好，简单让学生主导课堂。这是对“以学生为本”原则的误读和肤浅化。教学契合，教师的引领作用，应该在尊重学生主体性的同时加以重视。最近，南京大学龚放老师的研究，系统梳理和反思了以学生为本的教育理念，追溯陶行知先生将“教授法”更名“教学法”的教育哲学转变之功，梳理了陶行知先生所受到的杜威理论的影响，同时也反思了“学生为本”并非简单的“以学生为中心”，本质上离不开“教师为要”。只有坚持“教师为要”，方能真正落实“学生为本”。“教”与“学”的关系，二者是平等的，各自独立又相互依存。[①] 在学校教育的“教”“学”关系处理上不可偏废。

二、重激发内生动力

为了改变强制、灌输的思想工作旧方法，不少学校采取了大家喜闻乐见的校园文化方式、方法，激发师生思想政治学习的内生动力，在活动中进行思想浸润，师生主动参与学习，避免僵化、教条。学校社会主义核心价值体系建设的创新，是对马克思主义方法的贯彻，也是对教书育人规律、学生成长规律的遵循。过去的思想政治课程，在小学阶段经常被忽视，在中学、大学阶段，学生的学习往往处于被动，学生容易认为是“洗脑课”，内心对填鸭式教育感到倦怠，心理上加以排斥。同时，学生内心对未来感到迷茫，缺乏理想、志向，因为“空心病”，无心向学。为激发内在动力，要寻找学生内心的需要。实现自我价值的渴望，会产生巨大的内生驱动力，从而影响个体的成长方向。学习有工具型动机和应用型动机，其中，后者会更有动力。当学生意识到所学能应用于实践，会更有学习的动力。在社会主义核心价值体系建设上，需要考虑到这种学习的需要心理，让学生意识到社会主义核心价值思想体系在人生道路实践中不可或缺。基于满足实践性，就不能仅仅靠一门思想政治课，需要学校内外各项活动的有机配合。

三、构建学校“大思政”格局下的体系建设新方法

构建“大思政”格局是习近平总书记在2016年全国高校思想政治工作会议上着重阐述的重要思想。高校思想政治工作“大思政”格局是一个系统工程。广东学校的社会主义核心价值体系建设实践，正是在这一格局视野下展开。时隔一年后，教育部出台《高校思想政治工作质量提升工程实施纲要》（以下简称《纲要》），提出了构建“三全育人”，即“全员全过程全方位”一体化育人格局的要求。在总体性的方法思路上，《纲要》指出“一体化育人，就是要全面统筹办学治校各领域、教育教学各环节、人才培

---

① 龚放．唯有确立“教师为要”方能落实“学生为本”：对我国大学教学理念嬗变的再思考［J］．江苏高教，2020（1）：7－15.

养各方面的育人资源和育人力量，从体制机制完善、项目带动引领、队伍配齐建强、组织条件保障等方面进行系统设计，从宏观、中观、微观各个层面一体化构建育人工作体系，实现各项育人工作的协同协作、同向同行、互联互通。打通最后一公里，就是要通过挖掘各群体、各岗位的育人元素，并作为职责要求和考核内容融入整体制度设计和具体操作环节，着力打通高校思想政治工作存在的盲区、断点，真正把各项工作的重音和目标落在育人效果上，切实做足育人大文章，唱响育人最强音，使高校思想政治工作更好地适应和满足学生成长诉求、时代发展要求、社会进步需求，不断提升工作科学化水平"。在这一趋势下，社会主义核心价值体系建设在方法论上，也打破了旧有主体、时间、社会空间的约束，从"大"思路上重新建构出一体化的"十育人"系统。学者江鸿波用三个层次的"圈层"关系，从方法论层面，诠释这个系统的逻辑，不失为一种方法论具象化呈现的尝试。他指出，"'内圈'聚焦第一课堂育人，强调抓好课堂主阵地建设：一是强化思想政治理论课教育教学，做好思想政治理论传播；二是强化各类选修课和专业课育人，推动所有课程、所有教师都肩负起育人职责，实现知识传授和价值引领相结合。……'中圈'聚焦第二课堂素质教育、虚拟空间网络教育，强调与第一课堂联动，调动校内教学、科研、管理、后勤服务等所有部门及教职员工参与育人，将思想政治教育主题融入校园文化活动、社会实践、创新创业、管理服务、网络空间、毕业就业等，做好科研育人、文化育人、实践育人、网络育人、心理育人、资助育人、管理育人、服务育人、组织育人等，实现课内课外、线上线下、学习生活、从入学到毕业的全过程育人。'外圈'聚焦整合社会资源服务高校育人，引入社会资金、场馆、师资等来拓展高校育人的空间、平台、载体、手段，形成全社会共同支持思想政治工作的机制，实现'全方位'育人"①。

---

① 江鸿波. 论"三圈三全十育人"的时空意蕴［J］. 思想理论教育，2019（10）：103－106.

第三节 实践载体

呼应新的“大思政”建设要求，《高校思想政治工作质量提升工程实施纲要》详细规划了课程、科研、实践、文化、网络、心理、管理、服务、资助、组织“十大育人”体系的实施内容、载体、路径和方法。贯彻《纲要》精神，广东学校交出了一份内容丰富的答卷。这份系统答卷也正是社会主义核心价值体系建设广东学校实践的具象化、立体化载体。

一、课程载体

把立德树人融入学校课堂教学建设各环节，深化课堂教学改革，优化课程设置，加强教材建设，强化教学管理，推动教学质量、育人质量“双提升”。坚持建好高校思想政治理论课和中小学德育课，增强学生学习思想政治理论课和德育课的获得感。坚持把专业教育、学科教学与德育和思想政治教育相结合，使各类课程与思想政治理论课和德育课同向同行，形成协同效应。

建设学习贯彻习近平新时代中国特色社会主义思想和党的十九大精神“千个示范课堂”。组织全省各级各类学校优秀教师，深入学习，精心备课，打造千个学习贯彻习近平新时代中国特色社会主义思想和党的十九大精神的示范课堂，覆盖不同学段、不同课程，示范和带动全省学校扎实推进习近平新时代中国特色社会主义思想和党的十九大精神进教材、进课堂、进头脑“三进”工作。

建设体现育人导向、彰显育德功能的高校精品教材和中小学地方教材。专门出台鼓励高校教师编写教材的政策措施，大力整合全省高校教师、学科专业优势与资源，实施“广东省高校精品教材建设计划”，集中力量建设以马克思主义为指导、体现育人导向、反映广东高等教育水平的精品教材。

从 2008 年开始，首创粤桂琼赣滇五省区高校思想政治理论课青年教师教学基本功联赛，一大批深受学生欢迎的青年教师在比赛中脱颖而出，成长为我省高校思想政治理论课的中坚力量。

2015 年，首创高校党委书记、校长每学期为学生上第一堂思想政治理论课制度（简称“第一课”）。该制度被采纳写入《中共中央　国务院关于加强和改进高校思想政治工作的意见》。从 2017 年起，“第一课”实施范围拓展至高校院（系）党组织书记、院长（系主任）。

二、科研载体

广东教育科研特别是高校科研工作在主动对接国家和广东省经济转型升级、产业结构调整现实需求，大力提升科技创新能力、产出一批有影响力科技成果的同时，引导学生树立正确的政治方向、价值取向、学术导向，培养师生至诚报国的理想追求、敢为人先的科学精神、开拓创新的进取意识和严谨求实的科研作风。

创设教中有研、研中有教的高校人才培养模式。建设育才、育德相统一的高校教学科研团队。开展黄大年式教师团队创建活动，引导广大教学科研人员坚持师德为先、教学为要、科研为基、发展为本，在教学科研活动中发挥榜样示范作用，影响和带动学生在参与科研活动中体会和践行“爱国、励志、求真、力行”要求。

2011 年以来，坚持开展高校科学道德和学风建设宣讲教育活动，在高校本科生开设学术道德专题讲座，研究生开设学术道德公选课程，着力培养大学生求真务实、勇于创新、坚忍不拔、严谨自律的治学态度和科学精神，营造良好的学术氛围和学术环境。

广东省教育厅为加强德育科研力量建设、提升德育工作科学化水平，自 2006 年起专门设置学校德育科研课题项目，实行单列计划、单列经费、单独评审。通过德育科研，既锻炼提升了全省学校德育工作队伍的科研素养和能力水平，又有效解决了学校育人建设的障碍、矛盾和问题，同时还推动学校凝练形成一系列德育工作特色、品牌和亮点。为进一步提升学校德育课题层次，自 2013 年起在省教育科学规划课题中专设德育研究专项，2017 年专设党的十九大精神研究专项，培育和推出一系列高质量德育研究成果。

三、实践载体

坚持理论教育与实践养成相结合，围绕实践育人目标，整合各类实践资源，强化项目管理，丰富实践内容，创新实践形式，拓展实践平台，完善支持机制，推动专业课实践教学、社会实践活动、创新创业教育、志愿服务、军事训练等载体有机融合，教育引导师生在亲身参与中增强实践能力、树立家国情怀。

建设基本覆盖全省各市、县（区）的青少年校外活动场所网络。在全国率先创办综合型学生实践基地，为全国学生综合实践基地建设提供示范。

打造学生社会实践品牌项目。坚持每年开展在广东已有 21 年历史的大中专学生志愿者暑期文化科技卫生“三下乡”社会实践活动，每年均有超过 130 所高校积极响应，2012 年以来超过 225 万名大学生参与活动。

按照“面向全体、分类施教、结合专业、注重实践”原则，扎实推进高校创新创业教育，支持学生开展研究性学习、创新性实验、创业计划和创业模拟活动。建设国家、省、校三级大学生创新创业训练计划项目，举办中国“互联网 +”大学生创新创业大赛广东省分赛、粤港澳大湾区大学生创新创业项目对接洽谈会等，为学生搭建更多更好的创新创业平台。

四、文化载体

我们可以观察到，广东各级各类学校都掀起了中华优秀传统文化、革命文化、社会主义先进文化教育热潮，并开展了一系列主题教育活动，践行和弘扬社会主义核心价值观，优化校风学风，繁荣校园文化，培育学校精神，滋养师生心灵，涵育师生品行，引领社会风尚。

从 2005 年开始，坚持开展大学生“立志 · 修身 · 博学 · 报国”主题教育活动。把中国梦、社会主义核心价值观等内容和网络新媒体等形式融入其中，主题教育活动常办常新。十余年来坚持每年开展中小学主题教育活动，每年根据当年党的宣传思想工作要求，结合学校实际和学生特点，设计鲜明突出的活动主题，以鲜明正确的价值导向引导学生，以积极向上的力量激励学生，培养学生正确的世界观、人生观和价值观。

成立广东高校社会主义核心价值观传播研究中心，建设学校社会主义核心价值观示范点，切实推动社会主义核心价值观融入学校办学育人全过程。

连续14年组织参加全国中职学校“文明风采”竞赛活动，精心举办省级复赛活动，在社会上赢得了“武有技能大赛，文有文明风采”的评价。

积极推进中华优秀传统文化、高雅艺术进校园，开展学生艺术展演、百歌颂中华、戏曲进校园、高校艺术设计作品学院奖双年展、中国南粤古驿道首届文化创意大赛、大学生声乐器乐舞蹈大赛等丰富多样的校园艺术文化活动。建设农村学校艺术教育实验县、中小学艺术教育特色学校、中华优秀文化艺术传承学校。

五、网络载体

广东学校积极适应信息化社会发展形势，把握当代大学生“无人不网”“无时不网”“无处不网”的特点，推动思想政治工作传统优势同信息技术高度融合，创新网络思想政治教育和网络德育，传播主旋律、弘扬正能量，守护好网络精神家园，把网络教育主动权和网络教育阵地紧紧抓牢在手中。

2016年，广东省成立全国首家省级高校新媒体联盟——广东高校新媒体联盟，聚合全省高校官网官微力量，建立高校官方新媒体矩阵。华南师范大学为理事长单位，中山大学、华南农业大学、深圳大学等19所高校为副理事长单位。联盟成立以来，举办广东高校新媒体成果展示节，发布省内高校新媒体白皮书，推出国内唯一的省级高校官微排行榜。

打造富有广东特色的“粤易班”学生教育管理服务网络平台。省教育厅依托佛山科学技术学院成立广东易班发展中心，牵头建设“粤易班”网络平台，全省高校分批有序进驻，目前已进驻4批，共计75所高校、43万名师生，第五批54所高校正陆续进驻。“粤易班”平台集思想教育、教育教学、学习交流、共享互助为一体，通过全口径校园生活服务集成，把师生“粘”在平台上，又通过设置思政园地、粤易文化、微课专区、青春在线、品牌活动等版块，用喜闻乐见的教育形式吸引学生、感染学生，实现对师生的有效教育。

推广《新华·南粤时政学堂》。2017年9月，新华社推出《新华·南粤时政学堂》时事新闻视频节目，广东省教育厅向全省中小学校进行推广。《新华·南粤时政学堂》创建“互联网+时事教育、德育”的全媒体平台，以视频节目为基础，建立起网站、手机终端（微信）、线下活动平台等全媒体体系，以权威高度讲好新时代故事，成为开展中小学时事教育与德育宣传工作的创新抓手。2017年9月精心策划“十九大精神进校园”视频专栏，广泛推动青少年深入学习贯彻党的十九大精神。2017年底，该项目被教育部评为“全国中小学德育工作优秀案例”。

举办高校网络媒体展示节。广东高校网络媒体展示节自2016年创设，坚持每年举办一届，全面展示有筋骨、有道德、有深度的优秀大学生网络原创文化作品，唱响网络主旋律，传递青春正能量，成为广东高校文化建设的一道亮丽风景线。

六、心理载体

在育心与育德如何结合的问题上，仍有许多值得深入研究的问题。广东省2014年在全国率先建设高校大学生心理健康教育与咨询区域中心，以地理就近与学校数量平衡相结合的原则，整合区域高校大学生心理健康教育资源，实现区域高校的协同联动。创建中小学心理健康教育特色学校，截至2018年，广东已培育16所国家级中小学心理健康教育特色学校，132所省级中小学心理健康教育特色学校，佛山市南海区被教育部认定为“全国中小学心理健康教育示范区”。

广东省以促进学生健康成长为目标，以课程教学和活动体系建设为核心，以教师队伍建设为关键，以解决学生实际问题为重点，以强化组织领导和督导评估为保障，深入构建教育教学、实践活动、咨询服务、预防干预、平台保障“五位一体”的心理健康教育工作格局，着力培育师生理性平和、积极向上的健康心态，促进师生心理健康素质与思想道德素质、科学文化素质协调发展。

七、管理载体

体系建设不可缺少教育立法和学校章程建设，完善和健全校规校约和学生自律公约，推进依法治教，促进教育治理能力和治理体系现代化，强化科学管理对道德涵育的保障功能。在管理人员完善、配备上，也重视中小学班主任、大学辅导员队伍的建设，保障他们在体系建设上关键管理作用的发挥。

2014 年开始，广东省已经全面启动大中小学校章程建设。2015 年底，全省 85 所地方公办高校章程全部完成建设任务并公布实施，成为全国按时完成高校章程建设任务的六个省市之一。2016 年底，全省中小学基本完成章程建设任务。

制定全面推进依法治教实施意见和教育普法规划，深入推进普法工作，健全青少年学生法治教育和宣传机制。2014 年启动依法治校示范校创建工作。

建强中小学班主任队伍。注重辅导员队伍培训，构建省校两级学工队伍培训体系。

八、服务载体

广东各级各类学校把解决实际问题与解决思想问题结合起来，围绕师生、关照师生、服务师生，把握师生成长发展需要，提供靶向服务，积极帮助解决师生工作、学习中的合理诉求，在关心人、帮助人、服务人中教育人、引导人。

加强食堂食品安全监管，保障师生“舌尖上的安全”。构建“一个闭环、落实两项制度、把握三个重点、完善四项机制”的食堂食品安全监管工作体系，开发广东省学校食品安全监管系统，开展学校食堂量化提级和“灭 C”行动，大力提升学校及校园周边食品安全水平。

加强校服质量监管，打造最美校服文化。广东省教育厅坚持每年联合有关部门对校服生产企业进行专项监督抽查，中小学校服抽检不合格发现率持续下降，抽查学生校服产品批次不合格发现率已下降到 7% 左右（实物质量），2012 年以来学生校服合格率保持在 92% 以上。着力发挥校服的文化价值、实用价值与育人功能，举办最美校服大赛、特色校服大赛，培养学生的审美意识、平等观念、集体观念和积极向上的精神风貌。

创建教育系统节约型公共机构示范单位。开展“广东省节能型示范高校”创建活动，以示范高校为预备队，争创国家节约型公共机构示范单位。截至2018年，广东省建省级节能型示范高校46所；全省69家国家节约型公共机构示范单位中，学校有21家，占比30%。

创建安全文明校园。以全面创建平安广东为契机，全面建设平安校园，广泛开展安全宣传教育，强化学校安全保障和管理机制体制建设，深入开展安全隐患和不稳定因素的排查整治，广东教育系统安全稳定保障水平全面提升。

九、资助载体

广东在开展学生资助工作过程中，坚持把“扶困”与“扶智”、“扶困”与“扶志”结合起来，建立国家资助、学校奖助、社会捐助、学生自助“四位一体”的发展型自助体系，构建物质帮助、道德浸润、能力拓展、精神激励有效融合的长效机制，形成“物质解困—立德树人—圆梦成才—回馈社会”的良性循环，让受助学子共同享有人生出彩、追梦圆梦的机会，培养其形成自立自强、诚实守信、知恩感恩、勇于担当的良好品质。

广东省政府连续多年把学生资助工作列入省十件民生实事。全省已建立起覆盖从学前教育到研究生教育的资助政策体系，保障了不让一名学生因家庭经济困难而失学。开展各类主题教育活动，实现资助育人的全方位、全过程贯通及对受助学生群体的全覆盖。奖学金评选发放环节，加强奋斗精神和感恩意识教育；国家助学金申请发放环节，加强励志教育和感恩教育；国家助学贷款办理过程，加强诚信教育和金融知识教育；勤工助学活动开展环节，加强进取精神教育和创新创业教育；基层就业、应征入伍学费补偿贷款代偿等工作环节，加强正确成才观和就业观教育。以学生为中心，在注重受助学生思想道德教育的同时，强化学生的能力素质培养，把物质帮助、精神激励和能力提升统一起来，帮助受助学生奠定更好的成长成才发展基础，增长回馈社会、服务大众的能力和才干。

发挥资助育人成才典型的示范引领作用，征集受助学生优秀事迹案例、精准资助典型案例，编写《筑梦引航——广东省励志成长成才百优学子风采录》，广泛宣传励志成才典型事迹。各高校同时开展形式多样的优秀受助学生事迹宣传活动，激发全体学生特别是家庭经济困难学生刻苦学习、奋勇前进的动力。

十、组织载体

落实新时代党的建设总要求，把党的政治建设摆在首位，全面落实党建主体责任，把组织建设与教育引领结合起来，强化学校党组织的育人职责，发挥高校党委领导核心作用、院（系）党组织政治核心作用和基层党支部战斗堡垒作用，发挥工会、共青团、学生会、学生社团等组织的联系服务、团结凝聚师生的桥梁纽带作用，把思想政治教育贯穿各项工作和活动，促进师生全面发展。

创新党员发展教育管理。严格执行发展党员“三投票五公示一答辩”制度，着重做好发展高学历高职称青年教师、留学归国人员、教学科研骨干、优秀学生入党工作。加大高知识群体发展党员工作，创新工作方式，建立学校党委班子成员联系高知识群体、优秀青年教师入党积极分子制度。

实现全省高校党委书记抓基层党建述职评议考核工作全覆盖。推动学校各级党组织自觉担负起管党治党、办学治校、育人育才的主体责任。全省 151 所高校党委书记全部参加会议述职，实现一个平台述党建、一把尺子量工作、一个年度全覆盖。

连续三年组织全省高校开展“万名党员下基层　城市乡村党旗红”暑期大学生党员社会实践活动，教育引导大学生党员在深入基层开展社会实践过程中锤炼党性、增强党员意识、做合格党员。

创建学习型服务型创新型党支部。培育建设一批先进基层党组织，夯实高校基层党建工作基础。2017 年创建 157 个广东省高校学习型、服务型、创新型党支部，形成辐射效应，覆盖全省 151 所高校师生党员共175 723 人。

组织实施高校基层党组织建设“书记项目”。自 2012 年启动实施，打造了一批富实效性的基层党建成果，推动解决了一大批基层党建热点难点问题。

开展全省高校“两学一做”支部风采展示活动，展示各基层党支部用习近平新时代中国特色社会主义思想和党的十九大精神武装头脑、指导实践、推动工作的先锋模范、先进经验、典型案例、优秀党课。

除了上述载体之外，价值观教育还必须直面教育没有围墙的时代现实。学校、家庭、社会都在教育中扮演重要角色，角色扮演不当，互动不畅，都可能造成价值观塑形的失败，造成社会主义核心价值体系建设的失效。广东省在这方面不断探索推进学校、家庭、社会合力联动，强化学校、家庭、社会的互联、互动、互助，推动构建共享德育资源的有效机制。广东各级各类学校倡导“家校共育”理念，统筹家长委员会、家长学校、家长会、家访、家长开放日、家长接待日等各种家校沟通渠道，丰富学校指导服务内容，促进家长了解学校办学理念、教育教学改进措施，帮助家长提高家教水平。目前全省所有中小学幼儿园基本都建立家长学校、家长委员会，构建社会共育机制。广东省争取社会各方面支持，整合各类社会资源，建设各类学生实践活动场所。已经建有一批国家级专题教育社会实践基地，涵盖质量教育、水土保持教育、节水教育、档案教育、科普教育、消防安全教育、毒品预防教育、环境教育、爱粮节粮教育等丰富内容。

随着时代的发展，社会主义核心价值体系建设的主体、空间、时间也需要开拓更大的格局，以应对当今教育环境的复杂、多变和挑战。作为中国改革开放的前沿阵地，广东地情、民情对国际局势变化更为敏感，受各种国际思潮挑战也更频繁。形势所迫，广东学校的大格局意识必须走在前列，社会主义核心价值体系建设实践必须在探索中传承、创新，才能担当起国家文化自信、文化软实力振兴的重任。虽有成绩，面对“培养什么人、怎样培养人、为谁培养人”叩问的教育实践仍任重道远。

参考文献

期刊文章

[1] 梅荣政，王炳权. 坚持以社会主义核心价值体系引领社会思潮［J］. 思想理论教育导刊，2007（6）：8－12.

[2] 张理海. 坚持以社会主义核心价值体系引领社会思潮［J］. 西安政治学院学报，2006（6）：5－14.

[3] 周玉，马建军. 以社会主义核心价值体系引领社会思潮的现实路向［J］. 西南农业大学学报（社会科学版），2009，7（2）：77－81.

[4] 敖带芽. 坚持以社会主义核心价值体系引领社会思潮［J］. 党建研究，2007（6）：17－19.

[5] 李爱莉. 积极探索以社会主义核心价值体系引领社会思潮的有效途径［J］. 军队政工理论研究，2008（2）：31－33.

[6] 王培芝. 坚持以社会主义核心价值体系引领社会思潮［J］. 理论视野，2007（9）：37－39.

[7] 刘长军. 社会主义核心价值体系引领社会思潮的三大机制［J］. 中国井冈山干部学院学报，2009（3）：32－36.

[8] 肖浩. 论构建社会主义核心价值体系引领社会思潮的有效机制［J］. 电子科技大学学报（社会科学版），2009（2）：55－58.

[9] 王永芹. 当代中国多样化社会思潮发展态势与引领机制探析［J］. 河北学刊，2008（6）：132－134.

[10] 邓卓明. 论社会思潮的类型与特征［J］. 西南师范大学学报（哲学社会科学版），1995（2）：14－19.

[11] 丁尔纲. 评国内外否定鲁迅的社会思潮［J］. 云南师范大学学报（哲学社会科学版），1986（5）：5－10.

[12] 刘正强. 国内外否定鲁迅的社会思潮溯源［J］. 贵州文史丛刊，1987（4）：131－136＋93.

［13］李崇富．关于“普世价值”的几点看法［J］．马克思主义研究，2008（9）：17－20.
［14］梅荣政，王炳权．论社会思潮总体性研究中的几个问题［J］．思想·理论·教育，2005（19）：36－40.
［15］倪梁康．“全球伦理”的基础：儒家文化传统问题与“金规则”［J］．江苏社会科学，2002（1）：13－19.
［16］潘芳，卞艺杰，潘郁．危机事件网络舆情传播模型及消极思潮应急对策［J］．图书情报工作，2010，54（15）：40－43.
［17］王炳权．论社会思潮的基本特征［J］．思想理论教育，2011（1）：10－14.
［18］王家忠．社会思潮的起源、作用及发展趋势探析［J］．齐鲁学刊，1997（2）：56－60.
［19］王伟光．马克思主义中国化的当代理论成果：学习习近平总书记系列重要讲话精神［J］．中国社会科学，2015（10）：4－28＋203.
［20］翟振明，冯平．为何全球伦理不是普遍伦理［J］．世界哲学，2003（3）：106－110.
［21］张澍军．社会思潮、普通意识及其相互关系试探［J］．哲学研究，1992（3）：24－28.
［22］浙江省团校课题组．青年和社会思潮研究［J］．中国青年研究，2004（1）：73－89.
［23］李庆善．关于大学生价值观的几个问题［J］．高校德育研究，1985（1）：2－11.
［24］李庆善．价值观研究的内容、角度和统计指标［J］．青年研究，1986（6）：7－9.
［25］王润生．价值体系的核心和研究中的问题［J］．青年研究，1986（5）：9－12.
［26］孙霜霜．社会主义市场经济条件下的价值观研究综述［J］．哲学动态，1995（10）：14－16.
［27］周莉．近十年来社会主义价值观研究评述［J］．理论月刊，2001（6）：15－17.
［28］李文斌．西方个人主义价值观研究［J］．中国青年政治学院学报，2001（3）：55－58.

[29] 韩华，赵静. 改革开放以来社会主义价值观研究综述 [J]. 思想理论教育导刊，2005 (12)：62 -65.

[30] 袁贵仁. 价值观：从理论研究到教育实践——访袁贵仁教授 [J]. 哲学动态，2005 (12)：3 -7.

[31] 罗燕明. 中国主流价值观研究：一种理论探讨 [J]. 当代世界社会主义问题，2006 (1)：3 -22.

[32] 钟贤超. 必须高度重视社会主义价值观研究 [J]. 理论视野，2006 (6)：48 -50.

[33] 郑涌. 价值观的新课题：文化变迁中的西南民族价值传承研究 [J]. 西南大学学报（社会科学版），2007 (3)：64 -67.

[34] 徐贵权. 改革开放以来中国社会价值观变化之研究透视 [J]. 毛泽东邓小平理论研究，2007 (6)：22 -28 +83.

[35] 李德顺. 关于社会主义核心价值观的几个问题 [J]. 上海党史与党建，2007 (7)：9 -11.

[36] 薛蓉. 马克思主义价值观研究在马克思主义基本原理学科体系中的意义 [J]. 思想理论教育，2007 (23)：41 -44.

[37] 朱志敏，郑东升. 价值观与中共历史研究 [J]. 理论学刊，2007 (12)：29 -31.

[38] 周文华，刘小新. 近年来我国大学生价值观研究状况分析 [J]. 中国青年政治学院学报，2008 (2)：29 -32.

[39] 王娟. 社会主义核心价值观研究综述 [J]. 理论导报，2008 (8)：26 -28 +31.

[40] 谭咏梅，王山. 多学科视角下的价值观概念和内涵 [J]. 辽宁大学学报（哲学社会科学版），2008 (5)：6 -10.

[41] 李颂华. 论价值观及价值观影响力 [J]. 西安社会科学，2009，27 (2)：39 -40.

[42] 晏辉. 中国价值哲学：心路历程、理论困境与现实出路 [J]. 北京师范大学学报（社会科学版），2009 (4)：104 -112.

[43] 曾燕波. 社会行动理论视野下的当代青年价值观研究 [J]. 当代青年研究，2009 (8)：7 -13.

[44] 蒋明军，徐松如，王珊，等. 80 后与 90 后大学生价值观系统比较研究 [J]. 高校辅导员学刊，2009，1 (5)：46 -51.

[45] 李金，王世崇. 当代马克思主义研究方法综述 [J]. 理论月刊，2010 (1)：30 -32.
[46] 严宗泽. 简谈新中国60年价值观之流变 [J]. 北方论丛，2010 (1)：116 -118.
[47] 朱士群. 当代中国社会思潮：回应与引领 [J]. 安徽师范大学学报（人文社会科学版），2008 (4)：390 -394.
[48] 陈开林. 内涵、影响及引领：对当代社会思潮研究趋向的反思 [J]. 湖北大学学报（哲学社会科学版），2015，42 (5)：12 -16.
[49] 林伯海，易刚. 当代社会思潮研究应遵循的三大原则 [J]. 思想教育研究，2016 (1)：25 -27.
[50] 林泰，蒋耘中. 社会思潮概念辨析 [J]. 思想教育研究，2016 (5)：44 -46.
[51] 李亚员，杨晓慧. 社会思潮研究范式及其转换方向：基于近30年来有关文献及科研项目实证分析基础上的探讨 [J]. 理论探索，2014 (1)：20 -24.
[52] 赵冰. 以社会主义核心价值体系引领社会思潮研究述评 [J]. 中国特色社会主义研究，2011 (2)：108 -112.
[53] 单刚. 社会主义核心价值体系引领多样化社会思潮研究：传播学视角下的探讨 [J]. 新闻界，2011 (2)：16 -18.
[54] 单刚. 当前高校社会思潮的传播特点及引领路径研究 [J]. 学校党建与思想教育，2011 (17)：14 -17.
[55] 张静，王欢. 基于层次分析法的影响微信中社会思潮传播的因素研究 [J]. 电子政务，2017 (5)：75 -83.
[56] 陈海瑾. 近十年国内社会思潮研究的知识图谱 [J]. 江淮论坛，2017 (2)：158 -162.
[57] 龙静云，戴圣鹏，熊富标. “以社会主义核心价值体系引领社会思潮”研究述评 [J]. 学校党建与思想教育，2010 (5)：15 -17.
[58] 莫凡. 当前“核心价值体系引领社会思潮”研究的三点不足 [J]. 学术论坛，2010，33 (1)：48 -52.
[59] 朱琳. 马克思主义中国化与20世纪上半叶三大社会思潮研究综述 [J]. 湖北社会科学，2012 (12)：8 -11.
[60] 宫厚英. 中国共产党引领社会思潮研究述评 [J]. 理论学刊，2013

（4）：99－103.
［61］高瑞泉. 论近代社会思潮研究的若干方法问题［J］. 学术月刊，1996（1）：19－26.
［62］侯惠勤. 论马克思主义的指导地位［J］. 河南大学学报（社会科学版），2009，49（3）：1－4.
［63］朱琳姝. 新媒体视域下大学生培育和践行社会主义核心价值观研究［J］. 亚太教育，2016（16）：216.
［64］徐娟娣，乔婧芳，吴艳虹，等. 新媒体视域下高校社会主义核心价值观研究［J］. 新闻研究导刊，2016，7（11）：15－16.
［65］刘函池. 2015年社会主义核心价值观研究综述［J］. 社会主义核心价值观研究，2016，2（3）：87－96.
［66］龚放. 唯有确立“教师为要”方能落实“学生为本”：对我国大学教学理念嬗变的再思考［J］. 江苏高教，2020（1）：7－15.
［67］朱平. 高校“三全育人”体系协同与长效机制的建构：以全员育人为中心的考察［J］. 思想理论教育，2019（2）：96－101.
［68］卢岚. 论思想政治教育变革的空间转向［J］. 思想理论教育，2017（3）：52－58.

内地重要中文报纸文章

［1］韩震. 社会主义核心价值体系引领作用论略［N］. 光明日报，2011－11－23（11）.
［2］侯惠勤. 准确把握社会主义先进文化的科学内涵［N］. 光明日报，2012－02－01（11）.
［3］侯惠勤. “普世价值”的理论误区和实践危害：上［N］. 中国社会科学院报，2018－11－11（4）.
［4］侯惠勤. “普世价值”的理论误区和实践危害：下［N］. 中国社会科学院报，2018－11－13（4）.
［5］李建华，姜国俊. 用社会主义核心价值体系引领社会思潮［N］. 光明日报，2008－03－04（11）.

硕博士论文

［1］阎振宇. 社会主义核心价值体系引领社会思潮研究［D］. 太原：山西

大学，2009.
[2] 宋海林. 社会主义核心价值体系引领社会思潮研究［D］. 南京：南京师范大学，2011.
[3] 郑海祥. 社会主义核心价值观与我国文化创新研究［D］. 南京：南京师范大学，2011.
[4] 王倩. 社会主义核心价值体系引领多样化社会思潮研究［D］. 南昌：江西师范大学，2012.
[5] 艾洋. 社会主义核心价值体系引领社会思潮研究［D］. 保定：河北大学，2012.
[6] 张冰秋. 社会主义核心价值观视域下的公正：基于分配的角度［D］. 合肥：安徽大学，2012.
[7] 邱国勇. 社会主义核心价值观教育研究［D］. 武汉：武汉大学，2013.
[8] 朱颖原. 社会主义核心价值观研究［D］. 太原：山西大学，2013.
[9] 孙杰. 当代中国社会主义核心价值观研究［D］. 北京：中共中央党校，2014.
[10] 张瑜. 儒家价值体系与社会主义核心价值观［D］. 北京：中国青年政治学院，2015.
[11] 陈鸿之. 社会主义核心价值观的内在逻辑研究［D］. 昆明：云南师范大学，2015.
[12] 刘晓静. 新媒体环境下大学生社会主义核心价值观教育创新研究［D］. 青岛：青岛理工大学，2015.
[13] 韩凯辉. 大学生社会主义核心价值观教育存在的问题及对策［D］. 武汉：华中师范大学，2015.
[14] 王云霞. 大学生对社会主义核心价值观认同研究：以呼和浩特市部分高校为例［D］. 呼和浩特：内蒙古工业大学，2015.
[15] 王醒. 社会主义核心价值观生成路径研究［D］. 北京：中央民族大学，2015.
[16] 杨倩. 社会主义核心价值观融入初中思想品德课教学模式探析［D］. 苏州：苏州大学，2015.
[17] 姚远. 社会主义核心价值观专题教学研究［D］. 新乡：河南师范大学，2015.
[18] 刘埏. 新媒体时代大学生社会主义核心价值观培育研究［D］. 成都：

四川师范大学，2015.
［19］卢英．自媒体对大学生社会主义核心价值观教育的影响及对策［D］．武汉：华中师范大学，2015.
［20］门磊．论社会主义核心价值观的传统文化渊源［D］．西安：陕西师范大学，2015.
［21］余昌武．新媒体条件下的大学生社会主义核心价值观教育研究［D］．南昌：南昌大学，2015.
［22］王珊．社会主义核心价值观的微博传播策略初探［D］．南宁：广西大学，2015.
［23］吕小玉．社会主义核心价值观引领网络文化的机制探析［D］．桂林：广西师范大学，2015.
［24］竺恒．用社会主义核心价值观引领大众文化发展研究［D］．西安：西北大学，2014.
［25］于海威．社会主义核心价值观的社会认同研究［D］．长春：吉林大学，2014.
［26］周古月．当代大学生对社会主义核心价值观的认同现状及教育对策研究［D］．武汉：华中师范大学，2014.
［27］王晶．网络媒体传播社会主义核心价值观的方式与机制研究［D］．西安：长安大学，2014.
［28］李亚员．用社会主义核心价值体系引领大学生思潮研究［D］．长春：东北师范大学，2014.
［29］梁志广．新媒体时代社会主义核心价值观传播研究［D］．成都：西南石油大学，2015.
［30］沈丽丹．新媒体环境下社会主义核心价值观建设研究［D］．杭州：浙江理工大学，2015.
［31］王文．社会主义核心价值体系引领社会思潮研究［D］．南京：南京财经大学，2015.
［32］周蓓蓓．社会主义核心价值体系对多样化社会思潮的有效引领研究［D］．南昌：江西师范大学，2015.
［33］王勇凯．少数民族社会主义核心价值观认同研究：以广西京族为例［D］．桂林：广西师范大学，2016.
［34］金晶．少年儿童培育和践行社会主义核心价值观的基本路径探索

［D］. 昆明：云南师范大学，2016.
［35］赵芮. 以社会主义核心价值观引领大学生网络舆论研究［D］. 成都：西南大学，2016.
［36］刘玉莹. 自媒体视域下大学生社会主义核心价值观培育研究［D］. 济南：济南大学，2016.
［37］刘斐. 社会主义核心价值观的传播现状研究：以广州高校大学生为例［D］. 广州：暨南大学，2016.
［38］宋欣. 社会主义核心价值观视域下网络文化建设［D］. 乌鲁木齐：新疆师范大学，2016.
［39］姜道辉. 新媒体环境下大学生社会主义核心价值观培育研究［D］. 大连：大连理工大学，2016.

报告、文件、著作

［1］胡锦涛. 坚定不移沿着中国特色社会主义道路前进　为全面建成小康社会而奋斗：在中国共产党第十八次全国代表大会上的报告［M］. 北京：人民出版社，2012.
［2］习近平. 决胜全面建成小康社会　夺取新时代中国特色社会主义伟大胜利：在中国共产党第十九次全国代表大会上的报告［M］. 北京：人民出版社，2017.
［3］中国大百科全书总编辑委员会《哲学》编辑委员会，中国大百科全书出版社编辑部. 中国大百科全书　哲学 2［M］. 北京：中国大百科全书出版社，1987.
［4］朱汉国，等. 当代中国社会思潮研究［M］. 北京：北京师范大学出版社，2012.
［5］陈献章. 陈献章集［M］. 孙通海，点校. 北京：中华书局，1987.
［6］屈大均. 广东新语：卷十［M］. 北京：中华书局，2006.
［7］中共教育部党组. 高校思想政治工作质量提升工程实施纲要（教党〔2017〕62 号）［Z］.

后　记

本书是2018年广东省教育科学规划课题（党的十九大精神研究专项）重点课题“新时代广东学校文化传承发展研究系列”课题子课题之一“社会主义核心价值体系建设的广东学校实践”的课题研究成果。在课题研究推进过程中，广东省教育厅大力支持，资助出版经费，以及提供大量关于广东省各级各类学校社会主义核心价值体系建设实践情况的文字资料，助力调查研究的推进。在此特别感谢广东省教育厅思政处各位领导同志们的帮助。课题调研也得到不少专家、学者、一线教师的支持。感谢李东生老师、曹永浩校长、孙华校长撰文分享自己多年在一线实践所取得的宝贵实践经验及其本人的教育理念思考。感谢课题组成员胡雪莲老师、白翠红老师、梁芮老师、朱亚坤老师、方超老师、陈水长老师、李丽老师、陆茹老师、王俊秀老师对该课题的支持。书稿主体撰写，署名除外，均由本人完成。本人在攻读博士后期间，曾参与导师涂成林老师的国家社科基金重大招标项目“核心价值视域下维护国家文化安全研究”（项目编号：14ZDA057），围绕课题开启社会主义核心价值观的调查研究和数据采集工作。本书的数据调查部分即是基于本人攻读博士后研究期间的部分调查成果拓展。感谢主课题及其他子课题负责人李辉老师、龙柏林老师、石德金老师、童建军老师给予宝贵的修改建议。

今年夏天，我结束在中山大学马克思主义学院的工作，入职广东省博物馆。在适应新的工作环境，开展新的文博实践工作的同时，我也深刻意识到意识形态教育与传播的工作并不仅仅局限在学院之中，也不仅仅局限在校园围墙内。今天的博物馆在学生的价值观教育中正在承担着更加重要的角色。如何让承载核心价值的文物活起来，在今天的博物馆教育推广工作中发挥作用，如何在馆校合作中带动核心价值体系建设的进一步完善，都是未来值得深入的研究和实践领域。借此阶段性的粗浅研究成果，抛砖引玉，希望能带动更多讨论，助力推进后续的探索。

李　文

2020 年 11 月

补记于广东省博物馆